国家自然科学基金青年项目资助(项目号：71502166)
浙江省自然科学基金青年项目资助(项目号：LQ14G020002)
浙江省哲学社会科学规划课题资助(项目号：16NDJC192YB)

Study on the Disclosure of the Revenue Plan in
Chinese Listed Companies

我国上市公司
营收计划披露研究

◎ 万 鹏／著

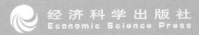

经济科学出版社
Economic Science Press

图书在版编目（CIP）数据

我国上市公司营收计划披露研究 / 万鹏著 . —北京：
经济科学出版社，2016.5

ISBN 978 - 7 - 5141 - 6930 - 0

Ⅰ.①我… Ⅱ.①万… Ⅲ.①上市公司 – 财务管理 –
研究 – 中国②证券市场 – 市场分析 – 研究 – 中国
Ⅳ.①F279.246②F832.51

中国版本图书馆 CIP 数据核字（2016）第 104317 号

责任编辑：段　钢
责任校对：王肖楠
责任印制：邱　天

我国上市公司营收计划披露研究

万　鹏　著

经济科学出版社出版、发行　新华书店经销

社址：北京市海淀区阜成路甲 28 号　邮编：100142

总编部电话：010 - 88191217　发行部电话：010 - 88191522

网址：www.esp.com.cn

电子邮件：esp@esp.com.cn

天猫网店：经济科学出版社旗舰店

网址：http://jjkxcbs.tmall.com

北京万友印刷有限公司印装

710×1000　16 开　13.75 印张　230000 字

2016 年 6 月第 1 版　2016 年 6 月第 1 次印刷

ISBN 978 - 7 - 5141 - 6930 - 0　定价：48.00 元

（图书出现印装问题，本社负责调换。电话：010 - 88191502）

（版权所有　侵权必究　举报电话：010 - 88191586

电子邮箱：dbts@esp.com.cn）

前　言

管理层业绩预测对于证券定价和投资决策都具有重要作用，是资本市场理论研究和实务分析中关注的热点问题。但是，长期以来，以上市公司营收计划为代表的管理层未来展望信息却被理论界和实务界所忽视。因此，研究上市公司营收计划自愿披露的影响因素、营收计划实施的特点以及其市场反应如何，具有较高的理论和实践意义。

本书基于高层梯队理论和代理理论，主要从董事长特征和代理成本角度研究了管理层营收计划披露的影响因素。研究发现，公司董事长年龄、性别以及股权代理成本与营收计划披露相关。董事长年龄越大、董事长为女性以及股权代理成本越小的公司，其定量地披露营收计划的可能性越大。研究还发现公司规模、董事长和总经理两职合一以及交叉上市对公司营收计划定量披露也有显著的影响。

基于我国转轨经济的制度环境，本书研究了实际控制人、政府干预环境对公司营收计划实现程度的影响。研究发现：（1）公司收入操纵规模越大，公司营业收入计划实现程度越高；（2）相对于非政府控制公司，政府控制公司收入操纵程度对营业收入计划实现程度的影响更大；（3）政府干预越严重，此地区公司的收入操纵规模对其营收计划实现程度的影响越大；（4）相对于非政府控制公司，政府干预越严重的地区，此地区政府控制公司的收入操纵规模对营收计划实现程度的影响更大。此外，所处行业营业收入平均增长水平越高、第一大股东持股比例越高以及当期有兼并重组事项的公司，其营收计划实现程度也越高。

基于营收计划准确度在资本市场定价中的重要作用，本书研究了公司的会计信息可比性与营收计划的准确度的关系，并考察了两者之间的关系在不同的内部信息环境和外部信息环境下是否存在差异。研究发现，可比性越高的公司，其营收计划准确度越高；可比性与营收计划准确度之间的正向关系在较好的内部信息环境或较好的外部信息环境下更显著。

本书还研究了资本市场对公司营收计划消息类型的反应，以分析师一致性预测作为市场预期来判断公司营收计划自愿披露的消息类型，研究发现，不论公司营收计划传递的是"好消息"还是"坏消息"，市场对公司营收计划自愿披露均有显著的反应。具体地，市场在短窗口内对"好消息"类型的营收计划给予了正面的评价，而对"坏消息"类型的营收计划给予了负面的评价，回归分析结果表明营收计划消息类型对于短时间窗口的累计超额收益率有显著的影响，"好消息"比"坏消息"有更大的累计超额收益率。

本书的创新之处和主要贡献在于：（1）本书借鉴了心理学的研究成果，基于高层梯队理论，从董事长个人特征角度研究了公司自愿性信息披露行为，扩展国内自愿性披露研究的视野；（2）本书把与地方政府经济目标联系密切的企业营业收入计划作为研究对象，考量实际控制人性质不同的公司以及在不同政府干预环境下，公司在营收计划实现程度上的行为差异，深化了对我国转轨经济制度环境下公司行为的认知；（3）本书从营收计划消息类型角度考量了我国上市公司营收计划的市场反应，丰富了我国资本市场对于预测性信息的市场反应研究文献。

　　本书的出版，我要感谢厦门大学会计系曲晓辉教授的倾心指导，感谢浙江工商大学财务与会计学院许永斌院长的关心支持，感谢经济科学出版社段钢先生的严谨负责。受本人研究水平的限制，本书的研究仍存在着一些局限，这有待在今后的研究中加以完善。

万鹏

2016 年 1 月

目　　录

第一章　我国上市公司营收计划披露研究概述

本章首先介绍本书的研究背景与动机，然后介绍研究思路、研究方法以及研究内容，并指出本书的主要研究贡献。

第一节　研究背景与动机

近年来，为了规范信息披露、保护中小投资者利益，中国证券监管部门推出了一系列的业绩预测制度。由于公司管理层所处的信息优势地位，其对外披露的预测性财务信息作为外部信息使用者获取有用信息的重要途径之一，不仅引起了投资者、债权人、监管机构等多方面的高度关注，而且还具有较高的学术研究价值。

西方资本市场中对管理层盈余预测（Management Earnings Forecasts）的研究起源于20世纪70年代，之后出现了大量的规范和实证研究文献。关于管理层盈余预测，现存研究主要集中在管理层盈余预测的披露动机、预测特征以及披露信息的市场反应等方面。我国的业绩预测制度主要由盈利预测、业绩预告、业绩快报和年报"管理层讨论与分析"中的未来展望信息四个部分组成。虽然关于中国资本市场业绩预告和盈利预测等管理层业绩预测的实证研究都强有力地支持这些制度存在的必要性，但是管理层在年报中披露的未来展望信息尚未引起研究者的重视。不仅如此，年报中的未来展望信息在实践中的披露与监管方期望相差甚远，其披露的动因、预测的特征及其市场反应仍缺乏系统地研究。为丰富本领域的研究文献，并为我国证券市场信息监管者提供决策依据，本书以我国上市公司营业收入计划这一年报中的未来展望信息作为研究对象，试图总结我国上市公司对于未来展望信息的披露现状，发现这类信息的披露规律，揭示此类业绩预测披露的影响因素、业绩预测的特征以及这类信息披露的市场反应。

上市公司的信息披露行为离不开公司所处的制度环境和制度安排。政府、企业和市场之间的关系是公司治理、市场监管乃至经济发展的重要内容。从中国 30 多年来市场化取向的改革实践来看，政府一直是驱动经济高速增长的核心动力。但是，由于中国的经济增长并不符合近年来的国际经济学术界颇为盛行的法与金融学派和经济增长理论（Allen et al.，2005），因此，如何看待政府在中国这一转型经济国家中所起的作用，是一项重要课题。我国绝大部分的上市公司脱胎于原来的国有企业，从而不可避免地带有国有企业的烙印，政府作用直接或间接地存在。自 20 世纪 70 年代末开始至 90 年代初，我国的国有企业改革分别经历了行政性分权、放权让利以及全面的承包责任制等几个阶段，但由于种种原因，上述举措并没有从根本上解决我国国有企业效率低下的问题。截至目前，我国的经济体制仍未完成从计划向市场的完全过渡，或者说，我国仍然是一个转轨经济国家。基于转轨经济国家的共同特征（Roland，2000），政府干预和市场机制的不完善是我国上市公司最为基本的制度环境。威廉姆森（Williamson，2000）曾指出了一个"制度—治理—企业"三维度的研究框架，认为治理结构是连接制度（包括正式制度和非正式制度）与企业行为的中间变量。中国作为全球最大的转轨经济国家之一，政府与市场在资源配置中共同发挥作用，这是中国企业区别于西方发达国家的重要制度特征。本书沿着威廉姆森提出的研究框架，选择从制度环境（公共治理）和制度安排（公司治理）的角度来分析中国上市公司营收计划的实施行为。具体地，上市公司营收计划的实现程度，受政府和企业行为的影响，由于营收计划在政府经济目标实现中的重要作用，考量政府干预环境和企业的实际控制人性质对公司营收计划实现行为的影响，具有较强的理论和现实意义。

此外，既有研究发现，如果本次业绩预测的公司以前年度建立了较高预测准确度的名声，那么证券分析师因本次管理层业绩预测而做出的预测修正程度更大（Williams，1996）。显然，管理层业绩预测的准确度影响了业绩预测信息的决策有用性，进而影响了资本市场的效率。因此，管理层业绩预测的准确度可能比预测本身更为关键，有必要对管理层业绩预测准确度的影响机制展开研究。但是，现有管理层业绩预测质量的影响因素研究主要从管理层动机的角度展开，如规避诉讼风险、获取内部交易收益等管理层动机，但对于管理层业绩预测时所需信息的质量及所在的信息环境方面关注不够。为推进这方面的研究，本书从会计信息可比性的角度研究了管理层营收计划的准确度问题。

最后，基于 Hirst 等（2008）的"前因—特征—后果"的管理层盈余预测研究框架，本书分析了营收计划披露的股票价格反应，展示了营收计划这类管理层业绩预测披露在资本市场定价效率方面的重要作用。

第二节　研究思路与方法

一、研究思路

本书基于我国上市公司的营收计划披露行为，从董事长特征以及代理成本的视角研究了上市公司自愿定量地披露营业计划的影响因素，并从政府干预、实际控制人以及会计信息可比性三个视角研究了上市公司营收计划的实现程度和营收计划准确度的影响因素，最后，本书从营收计划消息类型的股价反应视角研究了营收计划披露的市场反应。基于 Hirst 等（2008）的"前因—特征—后果"的管理层盈余预测研究框架，本书的研究涵盖了营收计划披露的影响因素、特征以及市场反应等三个方面，较为全面地对我国上市公司营收计划的披露行为予以分析。

研究的框架如图 1.1 所示，研究脉络首先是通过理论分析和制度背景梳理，为研究建立理论基础和制度背景支持，此外，通过对国内外相关文献的回顾，为研究铺就坚实的文献基础，进而从营收计划披露影响因素、营收计划特征以及营收计划披露的市场反应等三个方面分析了我国上市公司的营收计划披露行为，最后是本书的研究结论、研究启示和研究局限与展望，并提出可供决策者参考的政策建议。

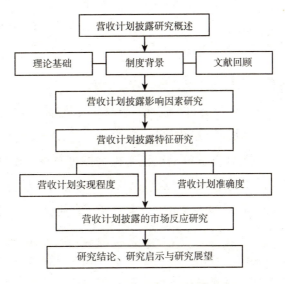

图 1.1　我国上市公司营收计划披露研究框架

二、研究方法

本书在研究方法上将规范研究与实证研究相结合。采用规范研究法对理论基础、制度背景进行研究。通过构建模型，采用 Logistic 回归来考察董事长个人特征和公司特征对公司营收计划披露的影响，采用多元线性回归来考察公司营收计划实现程度和营收计划准确度的影响因素，运用事件研究法和多元线性回归来研究公司营收计划披露的市场反应。

第三节　研究内容与主要贡献

一、研究内容

本书共分为九章,各章具体内容安排如下:

第一章,我国上市公司营收计划披露研究概述。本章主要介绍本书的研究背景与动机、研究思路与方法、研究内容与研究的主要贡献。

第二章,营收计划披露的理论基础与制度背景。本章运用经济学、心理学以及管理学的研究成果,从代理理论、信号传递理论、行为决策理论以及高层梯队理论等角度对公司自愿披露行为予以分析,为本书关于营收计划披露的研究提供了理论基础。本章还对我国业绩预测的相关制度做了总结,认为我国的业绩预测制度主要由盈利预测、业绩预告、业绩预报和年报"管理层讨论与分析"中的未来展望信息四个部分组成,特别是对年报"管理层讨论与分析"中的未来展望的制度梳理,扩大了我国业绩预测研究的视野,也为本书针对营收计划披露的研究提供了制度支撑。

第三章,文献回顾。本章从业绩预测披露研究和政府干预环境、企业实际控制人性质与企业行为研究两大方向对相关文献予以梳理。具体地,对于管理层业绩预测披露研究,Hirst 等(2008)将之分为管理层业绩预测的开端(Forecast Antecedents)、预测的特征(Forecast Characteristics)以及预测的后果(Forecast Consequence)三个部分,本书也沿用这样的思路对我国业绩预测披露的影响因素、特点以及市场反应等相关文献予以梳理。对于企业实际控制人性质与企业行为研究,我们从公司实际控制人性质与公司行为研究和政府干预环境与公司行为研究两个角度展开。

第四章,营收计划披露的影响因素研究。本章基于高层梯队理论和代理理论，研究了董事长个人特征和代理成本对管理层营收计划披露的影响。以 2008~2010 年度 A 股上市公司为样本，研究发现，公司董事长年龄、性别以及股权代理成本与营收计划披露相关。董事长年龄越大、董事长为女性以及股权代理成本越小的公司，其披露营收计划的可能性越大。研究还发现公司规模、董事长和总经理两职合一以及交叉上市对公司营收计划披露也有显著的影响。本书的研究意义不仅在于丰富和拓展了国内外相关研究成果，而且有助于我们从管理者特征的视角来理解我国上市公司的披露行为。

第五章，公司实际控制人与营收计划实现程度。本章基于我国上市公司数据，运用实证研究方法发现，公司收入操纵程度越大，公司营业收入计划实现程度越高。相对于非政府控制公司，政府控制公司的收入操纵程度对营业收入计划实现程度的影响更大。此外，所处行业营业收入平均增长水平越高、第一大股东持股比例越高以及当期有兼并重组事项的公司，其营收计划实现程度也越高。

第六章，政府干预水平与营业计划实现程度。本章通过企业营业收入计划的实现程度这一视角，研究在不同的政府干预环境下，地方企业的收入操纵行为对其营收计划实现程度的影响。以沪深两市披露了 2009 年或 2010 年营业收入计划的 A 股上市公司为样本，研究发现：收入操纵越严重，公司的营收计划实现程度越大，而这种关系又受地方政府干预环境的显著影响，即相对于政府干预较弱地区的上市公司，政府干预较强地区的上市公司的收入操纵对营收计划实现程度的影响更大，并且上述影响主要存在于政府控制公司。

第七章，会计信息可比性与营收计划准确度。本章关注企业营收计划的准确度问题，研究了公司的会计信息可比性与营收计划的准确度的关系，并考察了两者之间的关系在不同的内部信息环境和外部信息环境下是否存在差异。研究发现：可比性越高的公司，其营收计划准确度越高；可比性与营收计划准确度之间的正向关系在较好的内部信息环境或较好的外部信息环境下更显著。

第八章，营收计划披露的市场反应。本章采用我国上市公司2009~2010年数据，以分析师一致性预测作为市场预期来判断公司营收计划自愿披露的消息类型，研究了资本市场对公司营收计划消息类型的反应。研究发现：不论公司营收计划传递的是"好消息"还是"坏消息"，市场对公司营收计划自愿披露均有显著的反应。具体地，市场在短窗口内对"好消息"类型的营收计划给予了正面的评价，而对"坏消息"类型的营收计划给予了负面的评价，回归分析结果表明营收计划消息类型对于短时间窗口的累计超额收益率有显著的影响，"好消息"比"坏消息"有更大的累计超额收益率。

第九章，主要结论与启示。对全书的研究结论进行总结，并分析了可能的启示，进一步总结了本书研究存在的局限性，并讨论了未来研究方向。

二、研究贡献以及本书可能的创新点

（一）研究贡献

本书研究贡献主要体现在以下五个方面：（1）从公司董事长特征这一角度，基于高层梯队理论，考察了董事长个人特征对于公司业绩预测披露的影响，拓展了基于我国制度背景下的公司信息披露影响因素的相关研究。（2）从股权代理成本角度，研究了股权代理成本对公司营收计划披露的影响，为罗炜和朱春艳（2010）的研究提供了其他类型信息披露的证据。（3）基于政府干预环境和企业实际控制人性质两个调节变量，研究企业收入操纵与企业营收计划实现程度的关系，扩大了制度环境对企业行为影响的研究视野。（4）基于营收计划所依赖的会计信息基础，研究了会计信息可比性与营收计划准确度的关系，并考察了内外部信息环境的调节作用，回应了Hirst等（2008）对加强管理层盈余预测特征研究的呼吁。（5）本书以机构投资者的一致性预测作为市场预期，来判断公司营收计划的消息类型，并在控制住年度报告消息类型的基础上，考量了营收计划消息类型的市场反应，为我国业绩预测的市场反应研究提供了新的证据。

（二）本书可能的创新点

首先，本书借鉴了心理学的研究成果，基于高层梯队理论，从董事长个人特征角度研究了公司业绩预测信息披露行为，扩展了国内信息披露研究的视野。

其次，本书是基于中国转型经济的政府干预背景下的一项关于国有控制上市公司的经济行为和经济后果的实证研究。区别于以往从企业投资、多元化经营、企业兼并或者企业雇员的研究视角，本书把与地方政府经济目标联系密切的企业营业收入计划作为研究对象，考量不同性质控制人的企业以及在不同政府干预环境下，企业在营业收入计划实现程度上的行为差异。

再其次，本书研究了营收计划准确度的决定因素问题，回应了Hirst 等（2008）对加强管理层盈余预测特征研究的呼吁，丰富了管理层盈余预测特征的研究文献。

最后，本书从营收计划消息类型角度考量了我国上市公司营收计划的市场反应。相对于既有研究，本书从被忽视的预测性信息——营收计划着手，丰富了我国资本市场对于预测性信息的市场反应研究文献。

我国上市公司营收
计划披露研究

Chapter 2

第二章　营收计划披露的理论基础与制度背景

本章运用经济学、心理学以及管理学的研究成果，从代理理论、信号传递理论、行为决策理论以及高层梯队理论等角度对公司披露行为予以分析，为本书关于营收计划披露的研究提供了理论基础。本章还对我国业绩预测的相关制度做了总结，认为我国的业绩预测制度环境由盈利预测、业绩预告、业绩预报和年报"管理层讨论与分析"中的未来展望信息四个部分组成，特别是对年报"管理层讨论与分析"中的未来展望的制度回顾，扩大了我国业绩预测研究的视野，也为本书关于营收计划披露研究提供了制度支撑。

第一节　信息披露的理论基础

会计信息在资本市场有两个作用：一个作用就是事前的估值作用，让投资者在做出决策前根据既有信息进行投资决策；另一个作用就是事后的评价作用，让投资者对其投入资金的企业进行评价，考量企业管理层的受托责任。基于信息对资本市场的作用，证券监管机构对于上市公司的信息披露一般都进行了严厉的监管，要求公司进行强制性披露。与强制性披露对于所有上市公司适用不同，有的企业管理者基于不同的动机，会自愿地披露一些其他企业所没有披露的信息，以展示出不同的行为特征。一方面，现代企业的所有权和经营权分离，使企业委托人与代理人的信息获取具有不对称性，而企业信息披露行为正是针对信息不对称问题的一种解决机制。另一方面，基于显示管理者自身能力或者提高投资者对公司的估值水平，一些公司也会进行自愿披露。此外，未进行自愿披露和进行了自愿披露的企业存在着明显的不同，不论是否自愿披露对于企业来说都是一种决策行为，特别是公司高管的决策行为。这就说明，不同企业的自愿披露行为还受管理者个人决策行为的影响。更具体地，高管个人的特质决定了其心理认知过程，形成了管理者的个人偏好，进而管理层的偏好差异导致了企业行为的差异。为此，本节分别从代理理论、信号传递理论、行为决策理论和高层梯队理论对企业的披露行为展开分析。

一、代理理论

Jensen 和 Meckling（1976）认为企业由一系列契约所组成，包括资本的提供者（股东和债权人等）和资本的经营者（管理当局）、企业与供货方、企业与顾客、企业与员工等的契约关系。在这些契约关系中，资本提供者与资本的经营者的关系构成了企业的委托—代理关系。他们认为在委托人与代理人为同一人的企业，代理人享有全部的剩余索取权，并且需要承担低效或无效经营管理所可能产生的全部损失，因此，在这种产权结构安排下，不存在由于委托人与代理人目标不一致而导致的代理问题。在另一种极端条件下，当公司资本提供者与管理者完全分离时，经理人员不再享有任何的剩余索取权，其经营不当的风险由委托人承担，基于"理性经济人"的假设，管理者将会采取一些机会主义行为，以最大化自己的财富。而只要经理人员和股东利益不一致时，经理人员自我财富最大化行为将不可避免地会损害股东的利益。由于代理问题的存在，使委托人与代理人的合同具有不完全性，合同的履约需要发生一定的成本。Jensen 和 Meckling（1976）将代理成本区分为监督成本、守约成本和剩余损失。其中，监督成本是指外部股东为了监督管理者的过度消费或自我放松而耗费的支出，代理人为了取得外部股东信任而发生的自我约束支出（如定期向委托人报告经营情况、聘请外部独立审计以及自愿披露私有信息等支出）称为守约成本，而由于委托人和代理人的利益不一致导致的其他损失，就是剩余损失。

基于古典经济学的研究范式，代理理论也同样基于"经济人"假说，认为委托人和代理人均具有理性预期（Rational Expectation），即假定决策者会有理性、充分地使用会计信息，并将此信息充分地纳入其的决策行为中。在理性预期的假设下，委托人预期代理人有在职消费和偷懒等自利性行为，且能无偏差地估计这一自利行为的成本，委托人也可能会因此降低对代理人的定价，而且潜在投资者则可能将对代理者的预期反映在所支付的股权购买价格中，在其股票价格支付上做了相应的折扣。而作为管理者的代理人同样具有理性预期，能够预期到委托人和潜在投资者的低估行为，其会在经营行为上采取如减少在职消费、增强透明度等措施来修正委托人的先念。代理理论对于企业的披露行为具有较强的解释能力，如罗炜和朱春艳（2010）就发现企业的代理成本大小影响了公司的自愿性披露行为。

二、信号传递理论

信号传递理论就是要解决信息不对称的情况下，公司内部人如何通过适当的方法向市场传递有关公司价值的信号以影响投资人决策，而外部投资人如何根据公司披露的信息来进行投资选择进而影响证券的价值的理论。

信息传递理论认为，在交易过程中，买卖双方存在着信息不对称，卖方拥有此商品的品质信息而买方却没有，就会产生逆向选择和道德风险问题。当买方无法完全拥有商品的私有信息时，便无法区分此商品品质的优劣，而只能以同一类商品的平均品质作为判断标准，从而导致高品质的商品不能获得高于平均品质的市场价格，而低品质的商品却获得了高于其自身价值的市场价格，进而产生"劣币驱逐良币"现象，也即高品质的商品不会出现在这个市场，而整个市场充斥着劣质商品，最终将会导致整个市场的崩溃。信息问题抑或说"柠檬市场"问题来源于所有权人和管理者的信息差异和目标冲突，信息不对称问题可能会造成资本市场功能的崩溃（Akerlof，1970）。公司股票也是这样一种商品，当投资者与管理者存在严重的信息不对称时，其对公司股票的估值就会采用市场平均水平，而这样就会导致高质量的公司股票被低估，而低质量股票被高估，如果信息不对称问题一直存在，那么，证券市场崩溃也就再正常不过了。但是，知晓了信息不对称问题的严重性，资本市场的管制者会制定一系列的信息披露制度，尽可能地降低投资者与公司的信息不对称，提升资本市场的估值功能。但是，强制性信息披露同样不能解决所有的信息不对称问题，除非采取充分披露，即让管理者披露其所有的私有信息，而这显然成本过于高昂而不具有可行性，从而为管理者的自愿披露提供了可能。

林斌和饶静（2009）认为高质量公司的管理层有动机将公司高品质的信号（如较好的业绩、较好的内控及风险防范信息）及时传递给投资者，并采用如聘请高质量审计师等策略增加信息披露可信度，以影响投资者的投资决策，最终使公司股票价格上涨。因此，理论分析和既有实证研究均表明信号传递理论是公司信息披露行为的一种可能的理论解释。

三、行为决策理论

行为决策理论（Behavioral Decision Theory）更加注重人的非完全理性，是对以期望效用理论为基础的理性决策理论的重大发展，它是探讨"人们实际中是怎样决策"以及"为什么会这样决策"的描述性和解释性研究相结合的理论（黄成，2006）。Edwards（1961）总结了1954年以后的实验研究，提出了"决策权重"的思想，被誉为"行为决策理论"之父。2002年诺贝尔经济学奖获得者Kahneman和他的合作者Tversky通过吸收实验心理学和认知心理学等领域的最新进展，以效用函数的构造为核心，把心理学和经济学有机结合起来，彻底改变了西方主流经济学（特别是新古典经济学）中的个体选择模型，他们在20世纪70年代的成就使行为决策理论得到学术界广泛认可，并激发了其他行为经济学家把相关研究领域拓展到经济学的各主要分支，从而形成了"行为经济学"。黄成（2006）认为行为决策理论具有如下三个特点：（1）出发点是决策者的决策行为；（2）研究集中在决策者的认知和主观心理过程，关注决策行为背后的心理解释，而不是对决策正误的评价；（3）从认知心理学的角度，研究决策者在判断和选择中信息的处理机制及其所受的内外部环境的影响，进而提炼出理性决策理论所没有考虑到的行为变量，修正和完善理性决策模型。基于行为的经济决策理论，对企业行为的解释突破了代理理论和信号传递理论中管理者同质的假定，从心理学和经济学角度考虑管理者对企业决策的影响。企业的自愿披露行为也是管理者决策的一种，符合行为决策的特点，基于行为决策理论的研究自愿披露问题将会是一个有价值的领域。

四、高层梯队理论

Hambrick 和 Mason（1984）提出的高层梯队理论（Upper Echelons Theory）认为公司管理者是不能够有效替代的，管理层的年龄、工作年限以及教育背景等特征对于形成其心理认知有着重要影响，这些特定的知识存量和思维方式又形成了企业管理者的能力差异，进而管理层的偏好差异导致了组织的不同产出（如战略选择、组织绩效等）。Bamber 等（2010）、Brochet 等（2011）以及 Yang（2012）等基于高层梯队理论，分别研究了公司高管异质性对于管理层自愿披露风格的影响以及这一风格的市场反应，发现企业的自愿披露的确存在高层梯队效应，管理者的个人背景以及工作经验等特征对企业的自愿披露决策有显著的影响。

第二节　我国业绩预测体系

业绩预测信息由于其提供了基于未来的信息，对于投资者的决策提供了有用的信息，在证券市场中扮演着十分重要的角色。业绩预测信息主要由公司管理层和市场证券分析师提供，从管理层提供预测性信息的角度，基于我国业绩预测披露的实践，现有的管理层业绩预测主要有盈利预测信息、业绩预告、业绩快报和公司在年度报告中披露的未来展望信息，包括（但不限于）收入、费用成本计划，及新年度的经营目标，如销售额的提升、市场份额的扩大、成本升降、研发计划等，以及为达到前述经营目标拟采取的策略和行动。由于管理层拥有公司未来发展的私有信息，他们对外披露的业绩预测信息，会引起投资者、债权人、监管机构等各信息使用者的极大兴趣和重视。管理层业绩预测信息为资本市场信息沟通起到了重要作用，为提高市场效率做出了贡献。因此，管理层业绩预测一直是实证研究的热门话题。本节对我国的业绩预测相关制度进行梳理，以期能对目前资本市场上的业绩预测信息形成一个清晰的图景。

一、业绩预告

业绩预告最初是业绩预亏制度，1998 年 12 月 9 日，中国证监会在《关于做好上市公司 1998 年度报告有关问题的通知》中规定：“如果上市公司发生可能导致连续 3 年亏损或当年重大亏损的情况，应当根据《股票发行与交易管理暂行条例》第六十条的规定，及时履行信息披露义务”，即应当在年报公布前发布预亏公告。这是中国证券市场上首次实施公司股票上市后持续经营期间的业绩预告制度，中国上市公司盈余预告制度从此拉开了帷幕。2001 年 7 月 4 日，上海证券交易所和深圳证券交易所在《关于做好 2001 年中期报告工作的通知》中规定：“如果预计 2001 年中期将出现亏损或者盈利水平出现大幅下降的，上市公司应当在 7 月 31 日前及时刊登预亏公告或业绩预警公告。暂停上市公司应当在上半年结束后十五个工作日内刊登预亏公告”。此通知不仅扩展了预告对象，增加了对半年度业绩进行预告的要求，而且还扩大了预告类型，从过去的单单预亏公告发展到了预亏公告或业绩预警公告并存，首次提出盈利水平同比出现大幅度下降的公司也要进行业绩预告。2001 年 12 月 21 日，沪深证券交易所发布的《关于做好上市公司 2001 年年度报告工作的通知》中规定："在 2001 年会计年度结束后，如果上市公司预计可能发生亏损或者盈利水平较上年出现大幅变动的（利润总额增减 50% 或以上），上市公司应当在年度结束后 30 个工作日内及时刊登预亏公告或业绩预警公告。比较基数较小的公司（一般指上年每股收益的绝对值在 0.05 元以下的公司）可以豁免披露业绩预警公告"。监管层增强了业绩预告的规定，给出了业绩水平大幅波动的量化标准，即一般指本年利润总额与上年相比下降（或上升）50% 以上（含 50%），其次是增加了预告披露的豁免条款，即经公司申请和交易所批准，比较基数较小的公司（一般指上年每股税前收益绝对值在 0.05 元以下的公司）可以豁免披露业绩预警公告。

业绩预告制度完善于 2002 年，沪深交易所对 2002 年的第一季度、半年度以及第三季度报告的披露工作要求中，确立了"前一季度预告后一季度业绩"的新规则，使业绩预告的对象再次延伸，除了要对年度盈余预告外，还要对半年度和季度的盈余进行预告，预告信息披露的载体除了以往的临时公告外，还增加了在定期（年报、中报、季报）报告中对自年初至下一报告期可能发生亏损或盈利水平较去年同期出现大幅增长或下滑作出预计。目前，业绩预告的披露呈现自愿披露与强制披露并存的特点。

2008 年 10 月 1 日，上海证券交易所发布的《上海证券交易所股票上市规则（2008 年修订）》中规定，上市公司预计年度经营业绩将出现净利润为负值或者净利润与上年同期相比上升或者下降 50% 以上抑或实现扭亏为盈情形的，应当在会计年度结束后一个月内进行业绩预告，预计中期和第三季度业绩将出现上述情形的，可以进行业绩预告。而深圳证券交易所发布的《深圳证券交易所股票上市规则

（2008 年修订）》中规定上市公司预计全年度、半年度、前三季度经营业绩将出现净利润为负值或者净利润与上年同期相比上升或者下降50% 以上抑或实现扭亏为盈情形的，应当及时进行业绩预告。可见，深圳证券交易所比上海证券交易所要求严格，在强制性披露上范围更大，不仅包括年度的强制性业绩预告，还包括上海证券交易所所不具有的半年度和前三季度的强制性业绩预告。除了上述规定外，在实际披露工作中，有些公司没有达到业绩大幅度变动，如业绩增长 30% 也会发布业绩预告，这说明，目前的业绩预告已发展成自愿披露与强制披露并存的局面。

二、业绩快报

业绩快报制度发轫于深圳证券交易所 2004 年 12 月 27 日发布的《关于在中小企业板块上市公司中试行年度业绩快报制度有关事项的通知》，此通知要求年报预约披露时间在 2005 年 3 月和 4 月的公司应当在 2005 年 2 月 28 日之前披露年度业绩快报，主要内容包括 2004 年度及上年同期主营业务收入、主营业务利润、利润总额、净利润、总资产、净资产、每股收益和净资产收益率等数据和指标，同时披露比上年同期增减变动的百分比，对变动幅度超过 30% 以上的项目，公司还应当说明原因。这一通知奠定了中小企业板块公司的业绩快报强制性披露制度。

2006 年 5 月 18 日，上海证券交易所发布的《上海证券交易所股票上市规则（2006 年 5 月修订稿）》对于业绩快报是这样表述的："上市公司可以在年度报告和中期报告披露前发布业绩快报，披露本期及上年同期主营业务收入、主营业务利润、利润总额、净利润、每股收益、每股净资产和净资产收益率等主要财务数据和指标。上市公司应当保证业绩快报中的财务数据和指标与相关定期报告披露的实际数据和指标不存在重大差异。在披露定期报告之前，公司若发现有关财务数据和指标的差异幅度将达到 10% 的，应当及时披露业绩快报更正公告，说明具体差异及造成差异的原因；差异幅度达到 20% 的，公司还应当在披露相关定期报告的同时，以董事会公告的形式进行致歉，说明对公司内部责任人的认定情况等。"2008 年 10 月 1 日，上海证券交易所修订了《上海证券交易所股票上市规则》，但对于业绩快报的自愿披露原则没有任何改变。

2006 年 5 月 18 日，深圳证券交易所发布的《深圳证券交易所股票上市规则（2006 年 5 月修订）》对于业绩快报是这样表述的："上市公司可以在定期报告披露前发布业绩快报，业绩快报应当披露上市公司本期及上年同期营业收入、营业利润、利润总额、净利润、总资产、净资产、每股收益、每股净资产和净资产收益率等数据和指标。上市公司应当确保业绩快报中的财务数据和指标与相关定期报告的实际数据和指标不存在重大差异。若有关财务数据和指标的差异幅度达到 20% 以上的，上市公司应当在披露相关定期报告的同时，以董事会公告的形式进行致歉，并说明差异内容及其原因、对公司内部责任人的认定情况等。"2008 年 10 月 1 日，深圳证券交易所修订了《深圳证券交易所股票上市规则》，但对于业绩快报的披露原则没有任何改变。虽然《深圳证券交易所股票上市规则》中明确了业绩快报自愿披露的原则，但是在上市公司实际披露工作中，由于深交所对中小企业板和创业板的特别监管政策，仍对部分公司要求强制性披露。如深圳交易所在 2010 年 12 月 31 日发布的《深圳证券交易所关于做好上市公司 2010 年年度报告披露工作的通知》中要求，年报预约披露时间在 2011 年 3 月和 4 月的中小企业板上市公司和创业板上市公司，应在 2011 年 2 月 28 日前按照本所有关规定编制并披露 2010 年度业绩快报，并鼓励其他公司在年报披露前发布 2010 年度业绩快报。这说明，业绩快报在我国资本市场存在着自愿披露与强制披露并存的局面，其中强制性的业绩快报披露主要存在于深圳证券交易所的中小板和创业板公司，并且是在次年 3 月和 4 月披露年度报告的上市公司。

三、盈利预测

自我国资本市场建设以来，国务院和中国证券监管部门相继颁布了一系列行政法规和部门规章，以规范上市公司盈利预测信息的披露。早期的盈利预测的监管部门要求的强制披露，主要集中在初次上市发行股票的公司招股说明书中，这与新股的发行定价以盈利预测为依据密切相关。1993 年 4 月 22 日国务院发布第 112 号令《股票发行与交易管理暂行条例》，其中第十五条要求发行股份的公司应在招股说明书中载明公司近期发展规划和经注册会计师审核并出具审核意见的公司下一年的盈利预测文件。这一规定表明公司发行股票须强制披露盈利预测信息，并需经中介机构强制审核。1996 年 12 月 26 日，中国证监会《关于股票发行工作若干规定的通知》中规定，公司盈利预测应切合实际，并需由具有证券业从业资格的会计师事务所和注册会计师出具审核报告。若年度报告的利润实现数低于预测数10% ~ 20%的，发行公司及其聘任的注册会计师应在指定报刊上作出公开解释并致歉。若比预测数低 20% 以上的，除要作出公开解释和致歉外，中国证监会将视情况实行事后审查，有意出具虚假盈利预测报告、误导投资者的，一经查实，将依据有关法规对发行公司进行处罚；盈利预测报告出具不当审核意见的会计师事务所和注册会计师，中国证监会将予以处罚。1997 年证监会在《关于做好 1997 年股票发行工作的通知》（证监发字〔1997〕13 号）中，除重申以上规定外，还规定年度报告的利润实现数低于预测的 20% 以上的，除要公开作出解释和致歉外，将停止发行公司两年内的配股资格。中国证监会在 1999 年 7 月 29 日和 2000 年 2 月 14 日先后发布了《关于进一步完善股票发行方式的通知》《关于向二级市场投资者配售新股有关问题的通知》。根据这两项通知，新股发行定价不再以盈利预测为主要依据，而改为向机构投资者询价后，由证券承销商和发行公司协商确定，这便从根本上保障了公司披露盈利预测的选择权，也在一定程度上降低了上市公司操纵盈利预测的倾向（石水平和郭晰雪，2008）。中国证监会2001年2月12日出台的《股票发行审核标准备忘录第1号》规定：如果发行人在招股说明书中披露有关盈利预测数据，应披露与同行业已上市公司的比较分析资料等。2001年3月15日，中国证监会在其发布的《公开发行股票公司信息披露的内容与格式准则第1号——招股说明书》中明确了盈利预测的自愿披露原则并指出，如果发行人认为提供盈利预测报告将有助于投资者对发行人及投资于发行人的股票做出正确判断，且发行人确信有能力对最近的未来期间的盈利情况作出比较切合实际的预测，发行人可以披露盈利预测报告。一旦披露，发行人则应提醒投资者盈利预测所依据的各种假设具有不确定性。此后，虽《公开发行股票公司信息披露的内容与格式准则第1号——招股说明书》历经多次修改，但并没有改变此条款，这表明中国在实践中逐渐认识到盈利预测的特点，并最终确立了在IPO时的盈利预测的自愿性披露原则。

1994年1月10日，中国证监会颁布的《公开发行证券的公司信息披露内容与格式准则第2号——年度报告的内容与格式》规定，公司如果曾披露过盈利预测，应对报告年度实际结果与盈利预测的重大差异产生的原因进行详细分析与说明。准则不要求公司编制新年度的盈利预测，但若提供新一年度盈利预测的，须经注册会计师审阅并发表意见。此后证监会对此准则进行了多次修改，但对盈利预测的规定并无变化，这说明，对于年报披露从一开始就确立了盈利预测的自愿披露原则。

1994年10月27日，中国证监会颁发的《上市公司办理配股申请和信息披露的具体规定》规定，上市公司如作盈利预测，则应列示所预测年度税后利润总额、净资产、税后利润率等指标，可见对配股公司披露盈利预测并无强制规定。2003年3月24日，中国证监会《公开发行证券的公司信息披露内容与格式准则第11号——上市公司公开发行证券募集说明书》中第十二节明确说明发行人在招股说明书中可披露盈利预测报告，这说明公司在发布增发说配股说明书和增发招股说明书，可以自愿披露盈利预测，从而确立了增配股中盈利预测的自愿披露地位。

2008 年 4 月 16 日，中国证监会发布了《公开发行证券的公司信息披露内容与格式准则第 26 号——上市公司重大资产重组申请文件》，此准则规定，上市公司编制的重组预案应当披露交易标的基本情况，包括主要历史财务指标、估值及拟定价、未来盈利能力等；相关证券服务机构未完成审计、评估、盈利预测审核的，上市公司全体董事应当声明保证相关数据的真实性和合理性，并作出"相关资产经审计的历史财务数据、资产评估结果以及经审核的盈利预测数据将在重大资产重组报告书中予以披露"的特别提示。公司还需要披露本次交易对上市公司的影响，包括但不限于主营业务、盈利能力、关联交易和同业竞争的预计变化情况。而且，上市公司应当在相关审计、评估、盈利预测审核完成后再次召开董事会，编制并披露重组报告书及其摘要。2006 年 5 月 8 日证监会对《公开发行证券的公司信息披露内容与格式准则第 11 号——上市公司公开发行证券募集说明书》的修订中，也规定发行人募集资金拟用于重大资产购买的，应当披露发行人假设按预计购买基准日完成购买的盈利预测报告及假设发行当年 1 月 1 日完成购买的盈利预测报告及会计师事务所的审核意见。这说明，对于涉及重大资产重组的增配股，也需要强制披露盈利预测。

从前面对盈利预测的制度变迁，我们可以看出监管者对预测性信息的披露从强制性到自愿性的态度改变，但是仍要求公司一旦披露盈利预测，必须经注册会计师的审核，说明对公司发布盈利预测仍心存顾虑。在现在的披露实践中，盈利预测已有 IPO 以及增配股中的自愿披露和重大资产重组中的强制性披露两部分组成。

四、未来展望信息

根据证监会公开发行证券的公司信息披露内容与格式准则第 2 号——《年度报告的内容与格式（2007 年修订）》规定，上市公司应在其年度报告中披露其对公司未来发展的展望，同时，公司应当披露下一年度的经营计划，包括（但不限于）收入、费用成本计划，及新年度的经营目标，如销售额的提升、市场份额的扩大、成本升降、研发计划等，以及为达到前述经营目标拟采取的策略和行动。证监会公开发行证券的公司信息披露内容与格式准则第 3 号——《半年度报告的内容与格式（2007 年修订）》第三十二条到第三十四条要求董事会应当将报告期实际经营成果与招股上市文件或定期报告披露的盈利预测、有关计划或展望进行比较，说明完成预测或计划的进度情况；公司对上年年度报告中披露的本年度经营计划做出修改的，应说明调整的内容。

下一年度的经营计划，特别是收入的披露是本书的研究对象。从证监会的年报内容和格式准则来看，公司年度经营计划看上去是强制性披露的项目，但是从上市公司年报披露实践看，大多数上市公司通过"文字游戏"并不披露含有定量的营收计划信息或者非连续性地披露，这些公司行为有违年报披露准则的初衷。基于此，相对于没有在年报中定量地披露下一年度营收计划的行为，这些在"管理层讨论"中通过点预测、区间预测来披露定量的营收计划的行为，实质上是一种管理层主动选择的信息披露，本书将其界定为营收计划披露，进而研究我国上市公司营收计划披露的影响因素、实现程度及其市场反应。

第三章　文献回顾

本章首先对业绩预测披露相关研究进行了梳理，基于 Hirst 等（2008）对管理层业绩预测研究的分类，本书从影响管理层业绩预测的因素研究、业绩预测的特征研究以及业绩预测的后果研究三个方面展开文献回顾。其次，基于后面研究内容的需要，本书对政府干预环境、企业实际控制人性质与企业行为研究的相关文献也进行了回顾，分别从公司实际控制人性质与公司行为研究、政府干预环境与公司行为研究两个角度展开。

第一节　业绩预测披露的影响因素研究

业绩预测披露主要是指公司管理层基于特定目的而自愿地向市场传递出其对公司未来业绩估计的私有信息（Hirst et al，2008）。而究竟管理层基于什么样的目的而披露这一信息，则是国内外学者早期孜孜研究的重点。

一、国外业绩预测披露的动机和影响因素研究

Healy 和 Palepu（2001）基于国外资本市场的研究，将管理者自愿披露的动机归纳为六大假说，分别为：（1）资本市场交易假说，公司为了融资需要而更多地进行自愿性信息披露以降低融资成本（Lang and Lundholm，1993；Lang and Lundholm，2000；Healy et al.，1999）；（2）公司控制权争夺假说，公司管理层为了避免被购并而面临解聘风险，更多地进行自愿性信息披露（Brennan，1999）；（3）股权激励假说，公司管理层为了股权激励私利而更多地自愿性披露（Noe，1999；Aboody and Kasznik，2000）；（4）诉讼成本假说，公司为了防范潜在的诉讼风险而更多地自愿披露信息，特别是坏消息（Skinner，1994；Skinner，1997），与过去研究的公司面临诉讼风险

不同，Cao 和 Narayanamoorthy（2011）利用公司管理层的责任保险溢价来度量公司管理层面临的诉讼风险，研究表明，当面临着诉讼风险时，公司管理层更有可能发布"坏消息"的盈余预警；（5）管理者才能信号假说，管理者发送信号以显示自己的能力而倾向于更多地进行自愿披露（Trueman，1986）；（6）专有化成本假说，管理者基于自愿性信息披露可能会削弱公司竞争力的认知而减少自愿性信息披露（Verrecchia，1983；Darrough and Stoughton，1990；Wagenhofer，1990；Feltham and Xie，1992；Newman and Sansing，1993；Darrough，1993；Gigler，1994）。这六大假说主要是为了减轻公司管理者、股东或其他利益相关者之间委托代理问题，或者是向市场提供更多的信号从而获得更有利的资金供给，而两者都有利于提高资本市场的资源配置效率（Healy and Palepu，2001）。

　　Hirst 等（2008）将公司管理层披露业绩预测信息的影响因素分为两类，分别是预测环境（Forecast Environment）和预测者[①]特征（Forecaster Characteristics）。预测环境主要包括法律及监管环境（Legal and Regulatory Environment）和分析师及投资者环境（Analyst and Investor Environment）。法律及监管环境影响了公司披露的类型和渠道。例如，在美国 Reg FD[②] 出台前，管理层将公司业绩预测信息较多地披露给了有选择的分析师（Ajinkya and Gift，1984；Hutton，2005），而 Reg FD 的出台，使管理者面临一个公开披露或不披露的选择，包括监管者在内的很多人都担心由于这一规制的出台管理者可能选择不披露业绩预测信息，但实际上却并没有导致管理层自愿披露的缩减（Bailey et al.，2003；Heflin et al.，2003）。进一步地，Wang（2007）指出，公司在 Reg FD 执行之后是否还披露预测性信息取决

---

　　① 预测者（Forecaster）这里指公司的特征或者管理层的特征。对于不同的特征，指定的对象不同，需要两者结合起来分析。

　　② Reg FD 是指美国 2000 年发布的公平披露条例，旨在防止上市公司向市场专业人员及若干股东作出选择性披露。

于公司的特征，相对于其他公司，较低信息不对称水平和较高专有成本的公司减少或取消了业绩预测信息的自愿性披露。前述研究比较了管理层预测行为在新规则出台前后的变化，但不同的法律环境下的管理层预测行为是否存在差异，Baginski 等（2002）比较了加拿大和美国的诉讼环境，认为虽然这两个国家的经济环境相同，但是管理者在美国面临更为严峻的诉讼环境。Baginski 等（2002）发现，由于加拿大更为宽松的诉讼环境，加拿大的公司管理层相对来说披露了更多的预测性信息，更少地考虑诉讼问题。

投资者和分析师的行为也影响管理层的业绩预测披露决策。研究发现，投资者更倾向于投资有更多自愿披露的公司（Ajinkya et al.，2005；Healy et al.，1999），由于投资者资源和精力是稀缺品，公司管理层有以更多的披露吸引投资者的考虑。此外，机构投资者的跟随也是公司自愿性信息披露的考虑因素（Anilowski et al.，2007）。

预测者特征又可以分为信息不对称（Information Asymmetry）、披露承诺（Pre-commitment to Disclosure）、公司特有诉讼风险（Firm-specific Litigation risk）、管理层动机（Managerial Incentives）、前期预测行为（Prior Forecasting Behavior）以及专有成本（Proprietary Costs）等六个方面（Hirst et al.，2008）。相关研究认为，信息不对称程度越高公司越有可能进行自愿性信息披露（Coller and Yohn，1997）；较小不稳定、更强公司治理以及较好业绩的公司更有可能自愿披露业绩预测信息（Waymire，1985；Ajinkya et al.，2005；Miller，2002；Houston et al.，2010）；过去预测的准确性和建立的良好声誉也对公司的自愿性预测信息披露有影响（Skinner，1994；Stocken，2000；Healy and Palepu 2001；Williams，1996；Hutton and Stocken，2007）。

既有文献发现公司特征决定了自愿披露行为，如规模大的公司有更多的、更详细的自愿性披露（Chow and Wong-Boren，1987；Lang and Lundholm，1993；Meek et al.，1995）；公司盈利状况也影响着自愿披露，如 Skinner（1994）发现公司在盈利状况差的时候会更多地进行披露，Chen 等（2002）发现亏损企业的管理层更可能在季报里面自愿披露资产负债表信息；Noe（1999）显示在买卖公司股票前后高管会灵活地披露各种信息。许多学者研究公司治理包括所有权结构和公司董事会构成对自愿披露的影响，如 Eng 和 Mak（2003）的结果显示，管理层持股比例越低，政府持股比例越高，董事会中独立董事的比例越高，企业自愿信息披露越多；Cheng 和 Coutenay（2006）检验了新加坡上市公司董事会监督和公司自愿披露之间的关系。研究发现公司董事会中独立董事的比例越高，公司自愿披露的程度越高，而外部治理机制和政策环境则会加强独立董事比例与自愿披露程度之间的关系；Ali 等（2007）调查了标准普尔 500 公司，发现家族企业更可能自愿披露坏消息但是更不愿意披露公司治理方面的信息；Chen 等（2008）同样发现美国的家族企业更多地发布盈余警告，但是提供更少的盈利预测，而在自愿性披露方面家族成员的持股比例比管理层持股和机构持股有更强的解释能力。公司的实际控制人性质对自愿性信息披露也存在影响，Ferguson 等（2002）发现在中国香港上市的国有控股公司有动机进行更多的自愿信息披露，Eng 和 Mak（2003）运用新加坡公司的数据也得到了类似的结果，而 Xiao 等（2004）也发现国有持股越多的上市公司更不可能自愿通过互联网进行信息披露，说明公司性质对其自愿披露行为影响尚未有一致的答案。公司的会计信息稳健性也会对公司业绩预测行为产生影响，Hui 等（2009）发现公司的会计稳健性越高，管理层发布业绩预测的次数越少，说明公司的会计信息越是稳健，作为降低信息不对称的方法，其对业绩预测具有一定的替代作用。

最新研究成果认为管理层业绩预测自愿披露与管理者的个人特征有关系。虽然 Trueman（1986）提出了管理者才能信号假说，通过理论分析说明管理者发送信号以显示自己的能力而倾向于更多地进行自愿披露，但是并没有明确的经验证据，可能的原因就在于管理者个人能力的度量上存在困难。Baik 等（2011）在这方面取得了进展，他们采用了三种度量管理者能力的方法，第一种度量方法就是如 Milbourn（2003）、Rajgopal 等（2006）以及 Francis 等（2008）研究一样，采用公司 CEO 在过去五年时间段中举行新闻发布会的次数作为管理者能力的度量。第二种方法就是如 Demerjian 等（2009）的方法，采用数据包络分析方法（DEA）以构造一个反映管理者特有效率的变量作为管理者能力的替代。第三种方法就是同 Rajgopal 等（2006）的思路，以 CEO 过去三年经行业调整的总资产报酬率作为管理者能力的替代。利用这三种度量管理者能力的方法，研究发现管理者能力越强，则公司越有可能自愿披露业绩预测，而且发布的频率也越高。对于那些以前年度没有发布业绩预测的公司，公司的 CEO 变更增大了发布业绩预测的概率。Bamber 等（2010）跟踪了管理者的变迁数据，发现高级管理者表现出了独特的信息披露行为，管理者个人特征对于公司的业绩预测信息自愿披露具有显著的影响。具体地，有金融和会计背景的管理者以及生于第二次世界大战前的管理者都具有保守的特征，自愿发布业绩预测次数较少。Brochet 等（2011）研究了管理者在公司发布季度盈余预测中的作用，通过考察管理层的变动与公司业绩预测的关系，研究发现，随着管理层的变更，公司的业绩预测决策出现了变化。特别地，如果公司以前发布了业绩预测，当公司 CEO 发生变更时，公司更有可能停止发布预测或者出现预测中断。Hribar 和 Yang（2011）研究了管理者过度自信对公司发业绩预测的影响，利用 Malmendier 和 Tate（2005）构建管理者过度自信的方法，研究发现，管理者过度自信会增加公司自愿披露业绩预测的概率，并且会增加公司发布乐观的管理层预测的数量。这说明，随着研究的深入，公司自愿披露行为除了考察公司自有的特征，如公司股本结构、公司治理情况等信息外，研究者的视野进入管理者个人层面，开始打开公司决策的"黑箱"。

二、国内业绩预测披露的影响因素研究

国内学者早期研究了影响自愿性信息披露水平的因素。基于Botosan（1997）构建公司自愿披露程度指数（VDI）的方法，乔旭东（2003）发现公司盈利能力强、存在独立董事以及交叉上市对VDI有显著作用，巫升柱（2007）发现公司规模、上市状况以及财务杠杆对VDI有显著影响。同样基于Botosan（1997）构建公司自愿披露程度指数（VDI）的方法，马忠和吴翔宇（2007）研究发现，终极控制人的控制权和现金流权分离度越大、终极控制权比例越高，上市公司自愿性信息披露程度越低，而董事会在一定程度上起到了监督终极控制人行为的积极作用。基于Chau和Gray（2002）的自愿性信息披露指数（VDI）构建模式，张宗新等（2005）发现，规模大、效益好以及交叉上市的上市公司更倾向于实施自愿性信息披露，公司治理指标对VDI的解释效果并不显著。张学勇和廖理（2010）利用中国上市公司股权分置改革逐步推进的特征，研究了股权分置改革对公司自愿性信息披露行为的影响及其内在机理。研究发现，无论是政府控制的还是家族控制的上市公司，股权分置改革都可以有效地提升上市公司的自愿性信息披露水平，进一步研究表明，股权分置改革之所以能有效提升公司自愿性信息披露水平，是因为股权分置改革通过改变上市公司股东之间利益基础的一致性改善了公司治理。

近年来，自愿性信息披露的研究重心开始转向动机及影响因素识别领域。马忠和吴翔宇（2007）发现，我国家族控股上市公司的终极控制人为了获取私人利益而倾向于抑制对外披露私人信息，即终极控制人的控制权和现金流权分离度越大、终极控制权比例越高，上市自愿性信息披露意愿越低。方红星等（2009）从公司特征和外部审计角度，认为海外交叉上市、独立董事占董事总人数百分比和资产净利率是影响上市公司自愿披露内部控制信息的因素，而外部审计尚未

起到显著的促进作用。林斌和饶静（2009）基于信号传递理论，研究发现内部控制质量好、有再融资计划的上市公司更愿意披露内控鉴证报告。罗炜和朱春艳（2010）主要研究了代理成本对公司自愿披露的影响。研究发现，代理成本对企业自愿性信息披露有影响，而且政府控股的上市公司更有可能对"支付的其他与经营活动有关的现金"进行自愿性披露。张然和张鹏（2011）研究了上市公司自愿披露业绩预告的动机，发现融资需求高、管理者利益协同程度高以及会计业绩好的上市公司更有动机自愿披露业绩预告。

第二节　业绩预测披露的特征研究

业绩预测披露的特征是指管理层业绩预测所具有的特点，如预测的消息类型（News）、准确度（Accuracy）、精确度（Precise）或者预测偏见（Bias）等方面，它与前面的影响因素研究的差别在于管理层对于业绩预测的特征具有更大的选择余地。

一、业绩预测的消息类型研究

虽然公司业绩预测是一种管理者的预测行为，但是管理者却具有决定业绩预测对投资者传递的信息类型的能力，如"好消息"或者"坏消息"。研究者大多以分析师一致性预测盈余作为市场对公司盈余的预期，但也有其他度量方法，如 Penman（1980）采用了时间序列模型构建了市场对公司盈余的预期，Basu（1997）用公司股价对信息反应的符号和大小来表征市场预期。既有研究发现管理层业绩预测的消息类型随着时间变迁有所改变。Penman（1980）以及 Waymire（1984）发现管理层的业绩预测主要传递的是"好消息"，而 McNichols（1989）和 Hutton 等（2003）发现在 20 世纪 80 年代早期到 90

年代中期，"好消息"与"坏消息"的数量已然差异不大。Hutton 和 Stocken（2009）统计分析发现，在2000~2007年共计6655个盈余预测的观测值中，"坏消息"占比56.6%，"好消息"占比28.4%，而确证型信息占比15%，说明"坏消息"已占盈余预测的多数。对于较大"未预期盈余"的业绩预测，Kasznik 和 Lev（1995）发现发布"坏消息"的公司数是"好消息"公司数的两倍。这说明，不同时期以及不同规模的"未预期盈余"（Earnings Surprises），管理层发布盈余预测的消息类型具有明显不同的特征。

那么，到底什么因素影响了管理层业绩预测的消息类型呢？Kasznik 和 Lev（1995）研究发现"坏消息"与公司的规模、"未预期盈余"的规模以及公司特有的诉讼风险正相关。Cotter 等（2006）发现"坏消息"的发布与分析师乐观倾向正相关，与公司的权益发行负相关。Rogers 和 Stocken（2005）基于行业竞争性的角度，研究发现，相对于行业集中程度较弱的行业，"坏消息"较多地存在于行业集中的公司。Rogers 和 Stocken（2005）认为这种情况的出现，可能是行业集中程度高的行业为了阻止新的进入者的一种手段。Kross 等（2011）发现"坏消息"类型的业绩预测发布与公司对待分析师预测的风格有关，相对于不存在一直"迎合"或者"打击"分析师预测风格的公司，一直以来存在着"迎合"或者"打击"分析师预测这一风格的公司更频繁地发布"坏消息"类型的业绩预测，特别是当分析师预测存在乐观倾向时，因为这样做，可以降低分析师的预测值，从而使公司更加容易地维系其所形成的"迎合"或者"打击"市场预期的风格。

二、业绩预测的精确度研究

当公司决定自愿披露业绩预测时，管理层就需要考虑披露的形式。管理层在披露的形式上具有更大的选择性，常有的预测信息表现形式有：点预测（Poini）、闭区间预测（Range）、最大值预测（Maximum）、最小值预测（Minimum）或者趋势性预测（General Impression）。一般而言，在这些定量预测的形式中，点预测的精确度最高，其次是闭区间预测，再次是最大值或最小值预测，也即开区间预测。Baginski 等（1993）发现点预测和闭区间预测在 1983～1986 年的业绩预测样本中占比不超过 20%，Baginski 等（2004）以及 Hutton 等（2003）统计发现 1993～1997 年的业绩预测样本中，点预测和区间预测占比在 50% 左右。这种变化趋势，虽然有时间选择的原因，但也有研究者认为可能是由于点预测和区间预测可以更直观地度量盈余预测的准确性和预测偏见，故而研究者有此样本选择偏好的原因。业绩预测的精确度体现了管理层对公司未来预期的判断能力（King et al.，1990），Hughes 和 Pae（2004）认为相对于不精确的预测，精确的预测能够反映管理层更强管理能力。

对于业绩预测精确度的影响因素，Baginski 和 Hassell（1997）发现更多的分析师跟随（Analyst Following）、更小规模以及有更多私有信息的公司，其公众可公开获得信息一般较少，这样的公司更容易披露精确的年度盈余预测。Bamber 和 Cheon（1998）发现，当管理层面临越高的诉讼风险和公司专有信息成本时，管理层越不愿意发布精确度高的预测。"坏消息"一般面临着越高的诉讼风险，Karamanou 和 Vafeas（2005）也发现坏消息的业绩预测，其精确度越低，与 Bamber 和 Cheon（1998）发现一致。此外，Karamanou 和 Vafeas（2005）还发现董事会和审计委员会结构越有效的公司，其发布的业绩预测越不精确。Ajinkya 等（2005）发现公司机构投资者持股比例越高，公司发布的业绩预测越精确。预测精确度还受消息类型的影响，Cao 和 Narayanamoorthy（2011）发现，当公司诉讼风险越高时，"坏消息"类型的盈余预测精确度越高，而"好消息"类型的预测精确度则越低。

最新研究聚焦于管理者个人特征对于业绩预测精确度的影响，

Bamber 等（2010）研究发现具有金融和会计背景的管理者以及具有军方经历的管理者更喜欢发布精确度高的业绩预测。Hribar 和 Yang（2011）研究发现，管理层过度自信程度与公司发布点预测正相关，管理层越是自信，相对于区间预测，其越可能发布点预测。给定公司发布了闭区间的业绩预测，他们还发现管理层过度自信影响公司预测区间的宽度，管理层过度自信程度与预测区间的宽度负相关，即管理层越自信，其发布的区间预测的区间宽度越窄。

三、业绩预测的准确度与偏见研究

一旦公司决定自愿披露业绩预测，管理者可以努力地实现业绩预测，也可以在披露时采取战略性的方式以使实际盈余达到预测值。既有研究发现面临更低的会计灵活性和易遭受外生冲击的公司更可能发布准确度低的预测（Chen，2004；Kasznik，1999），而且预测经验较少的管理者发布的业绩预测也更不准确（Chen，2004）。也有研究者从公司治理角度看公司业绩预测的准确度问题，Ajinkya 等（2005）发现，公司外部董事比例越高和机构投资者持股比例越高的公司，其发布的业绩预测准确度越高。Karamanou 和 Vafeas（2005）也发现，董事会外部董事越多的公司，其发布的业绩预测越准确，他们还发现内部人持股比例越高的公司，其发布的业绩预测越是不准确。此外，研究还发现"坏消息"和年度盈余预测相比"好消息"和季度盈余预测有更高的准确度。最新研究发现管理者能力对业绩预测的准确度有影响。Baik 等（2011）研究了管理者能力与业绩预测的准确度的关系，业绩预测的准确度反映了管理者的能力，利用实际盈余与预测盈余的差异作为盈余预测的准确度，研究发现预测准确度与公司 CEO 的能力正相关。也有研究表明公司诉讼风险影响其业绩预测的准确度，Cao 和 Narayanamoorthy（2011）就发现公司诉讼风险越高，对于"坏消息"类的盈余预测会更加准确，而对"好消息"则更不准确。

现有研究的确发现了管理者有战略性的业绩预测行为。管理层的悲观预测常被认为是管理者试图通过此方法以降低市场对公司的预期（Bergman and Roychowdhury，2008；Cotter et al.，2006；Matsumoto，2002）。管理者发布了带有悲观偏见的预测，就会降低市场投资者以及分析师对公司业绩的预期，而这恰恰形成了实际盈余的比较基础，从而使管理者更加容易地实现自己的预测。Bergman 和 Roychowdhury（2008）发现管理者的预测偏见取决于预测的时间间隔，对于长时间间隔的乐观的分析师预测，公司不愿意去调低市场预测，而在短期，对于乐观的分析师预测，管理者就会发布带有悲观偏见的预测，"打击"或者降低市场预期，如分析师面对此情况通常会下调其预测值，从而为自己赢得"迎合"调整过的市场预期的机会。Choi 和 Ziebart（2004）以及 Rogers 和 Stocken（2005）就发现较长期间的公司年度预测通常带有乐观偏见，而对于短期的季度预测则表现为悲观的偏见。

研究者常用实际业绩值与预测值的符号来判断管理层业绩预测的倾向，一般认为，预测值大于实际实现值的为乐观偏见的预测，而业绩预测小于实际实现值的为悲观偏见的预测。那么，管理者这一偏见受什么因素影响呢？Ajinkya 等（2005）以及 Karamanou 和 Vafeas（2005）发现拥有较好的公司治理水平的公司提供了更少的预测偏见。Lang 和 Lundholm（2000）发现公司进行权益发行时提供的业绩预测通常比较乐观。最新研究从管理者个人特征角度考察了业绩预测的偏见问题。Hribar 和 Yang（2011）研究发现管理层过度自信程度与公司业绩预测的乐观偏见有关，管理层越自信，其发布的业绩预测越乐观，也即业绩实现值越不容易达到预测值。

四、业绩预测的发布时机研究

当公司决定发布业绩预测时，何时发布业绩预测也很有技巧性，只要在公司年度报告没有公开之前，管理者都可以对公司报告期的业绩发布预测。因此，围绕管理层在何时发布业绩预测也成为研究的对象。一般认为，与实际盈余公告日间隔越长，则预测越具有及时性。Waymire（1985）研究发现盈余波动性越大的公司，其发布盈余预测的时间越晚。Baginski 等（2002）发现，相对于加拿大的法律诉讼环境，美国的诉讼环境较为严厉，美国的公司发布了更多的短期预测。管理者基于市场反应的考虑，也可能对业绩预测的披露时机进行考虑，Kothari 等（2009）认为，如果管理者不及时或者不发布"坏消息"类型的业绩预测而及时发布"好消息"类型的业绩预测，那么市场对"坏消息"的反应应该比"好消息"更强，经过实证检验，他们的确发现了这种市场反应的存在，说明管理者有推迟发布"坏消息"的行为。也有研究发现管理层对不同类型的消息发布时机也会不同，Cao 和 Narayanamoorthy（2011）研究发现，公司面临的诉讼风险越高，管理层发布"坏消息"类的盈余预测会越早，对于"好消息"则不存此策略。

前面分别从业绩预测的消息类型、预测精确度、预测准确度与偏见以及业绩预测的发布时机等方面对公司业绩预测的特征进行了简要的文献回顾，除此之外，公司的业绩预测还存在着其他特征，如有的业绩预测附带了说明性的信息。Baginski 等（2004）和 Hutton 等（2003）发现有的公司业绩预测伴随着其他说明性信息或者确证性信息，提高了预测的信息含量。Baginski 等（2004）还发现"坏消息"类型的预测、最大值预测、短期预测更有可能附带说明性信息，而且规模越大的公司，其业绩预测也越有可能附带说明性信息。还有的公司业绩预测是与其他信息披露一起进行的，而有的业绩是单独进行的。Hutton 等（2003）发现，1993～1997 年的 658 个业绩预测中，有 195 个预测是与公司年度报一起披露的，这种披露行为也叫捆绑披露（Bundled Forecasts）。Atiase 等（2005）分析了捆绑披露的公司特征，研究发现，相对于单独披露的公司，捆绑披露的公司其规模较大，而且具有更高的净值市价比。

第三节 业绩预测披露的市场反应研究

正如我们在第一节所看到的，公司业绩预测的披露受很多因素的影响，相应地，公司业绩预测也会带来许许多多的后果，如对公司股票价格、信息不对称程度、资本成本、盈余管理、诉讼风险、分析师和投资者行为以及形成预测准确的声誉都有影响。由于相关文献过于浩繁，基于后面研究的需要，我们这里只对公司业绩预测披露的市场反应研究予以梳理，主要从业绩预测信息发布的股票价格反应和分析师的业绩预测修正效应两个方面展开。

一、业绩预测的股价反应

Nagar 等（2003）认为管理者通常发布盈余预测以缓解公司的信息不对称问题，进而影响了公司的股价。大量研究发现管理层盈余预测具有信息含量，并受预测间隔、预测信息的类型、预测精确度、预测的途径以及管理层的可信性等方面的影响而有所不同。Healy 等（1999）的研究发现，随着公司自愿披露信息的增加，公司的股价平均提高7%，披露次年的股价有8%的改善，并在随后的三年中，机构投资者对样本公司的平均持股量增加了12%～24%，并受到更多分析师的追捧，股票的流动性增强。始于 Ball 和 Brown（1968）的盈余公告的信息含量研究，带动了大量的研究管理层业绩预测的信息含量研究。早期学者就投资者是否利用了管理层业绩预测信息展开了研究，Foster（1973）发现个体投资者和市场整体对管理层自愿披露的每股收益预测有着明显的交易量和价格变动效应，说明管理层每股收益预测的自愿披露具有信息含量。Patell（1976）研究了管理当局盈利预告与股价之间的关系，证实了业绩预测具有信息含量。但是，Foster（1973）研究设计中的管理层每股收益预测是财务年度后的自愿披露，而后期的研究较多的是在财务年度截止日前的业绩预告，而Patell（1976）的研究中采用的是周价格数据，并且统计检验假定周报酬率服从正态分布，而实际上周报酬率并不一定服从正态分布（Blattberg and Gonedes，1974），此文的结果受假定的影响。此外，相对于采用日报酬率来衡量市场反应，周报酬率可能会降低检验的效果，其更可能会包含其他的信息而稀释事件的市场反应。为此，Jaggi（1978）采用日数据，发现管理层盈余预测公告导致了投资者调整了预期，具有显著的市场反应。Penman（1980）同样发现了管理层预测信息被投资者所吸收并反映在证券的市场价格上。Nichols 和 Tsay（1979）研究长期管理层预测的市场反应，发现有较大的未预期盈余的长期管理层盈余预测具有较强的市场反应。

当建立管理层盈余预测具有信息含量之后，随后研究就开始检验管理层特征、公司特征、盈余预测特征（如消息类型，预测精确度，披露是否带有补充信息）以及市场理解能力是否对盈余预测的信息含量产生影响。

基于 Ball 和 Brown（1968）的研究范式，采用分析师一致性预测或者"随机游走"模型，抑或时间序列分析而获取的市场预期业绩，市场投资者可以清楚地判断公司业绩预测的消息类型，一般将管理层业绩预测的消息类型分为"好消息"和"坏消息"两种，Ajinkya 和 Gift（1984）发现管理层的未预期盈余与预测期公司股票的回报正相关。也即管理层发布"好消息"预测，随之市场给出股价上升的反应，管理层发布"坏消息"预测，市场相应作出股价下降的反应。Waymire（1984）以及 McNichols（1989）的研究也支持股票市场价格反应与管理层盈余预测消息类型有关的结论。Clarkson 等（1992）研究发现在招股说明书中披露了盈利预测的公司，其通常传递的是"好消息"，市场对发布盈利预测的公司有显著反应并且能够有效地反映盈利预测的偏差和偏见。Skinner（1994）发现管理层基于法律诉讼和自身声誉可能会优先披露"坏消息"，并且市场价格对"坏消息"的反应大于对"好消息"的反应。

管理层盈余预测的消息类型与市场反应的关系还受其他因素的影响。Rogers 和 Stocken（2005）研究了市场识别管理层盈余预测真实性的能力对管理层盈余预测市场反应的影响。研究发现"好消息"与市场反应的正相关关系受到了市场识别能力的影响，也即，被市场识别为过度乐观的"好消息"，其正向的市场反应有所减弱，被市场识别为过度悲观的"好消息"，其正向的市场反应有所加强。而对于"坏消息"，这种市场识别能力有限。这说明投资者普遍认为"坏消息"比"好消息"更加可靠，即使没有证据表明"坏消息"的预测不存在管理层偏见或者比"好消息"更少地存在管理层偏见。管理层过去的预测建立的准确声誉也对管理层盈余预测消息类型与市场反应的关系有所影响。Yang（2012）将管理者和公司特有声誉分离，研究了管理者过去建立的准确预测声誉对未来盈余预测精确度以及盈余预测市场反应的影响。他通过 1996～2005 年的样本分离出了公司和管理者个人的预测准确度效应，然后用 2006～2009 年的数据验证了公司和管理者个人前期建立的预测名声的确对其未来预测精确度存在影响。进一步地，通过分离出的公司和管理者的个体效应，来研究公司和管理者个体效应对其盈余预测市场反应的影响。研究发现，不论是"好消息"还是"坏消息"，公司在过去建立的准确度名声越好，则市场对其后发布的盈余预测反应越大。而对于管理者个人在过去建立的准确度效应，只有在较高的信息不确定环境下才得到充分体现。

管理层盈余预测的精确度也会对其信息含量有所影响。Pownall 等（1993）研究了管理层盈余预测的形式和预测间隔的市场反应，他们发现即使包含以前研究所没有关注的开区间预测类型，管理层预测仍然具有信息含量，中期盈余预测比年度盈余预测更有信息含量并且在最大值的开区间①披露更为显著。以管理层盈余预测与既有的分析师预测的差异表示的未预期盈余，Baginski 等（1993）发现未预期盈余的市场反应受管理层盈余预测精确度的影响，也即，相对于闭区间预测，点预测的未预期盈余对股价的影响更大，而相对于开区间预测，闭区间预测的未预期盈余对股价的影响更大，这说明，公司预测精确度越高，其未预期盈余对股价的影响越大。

　　管理层业绩预测披露策略对其信息含量也存在影响，Stocken（2000）研究表明管理层在长期多个会计期间会诚实地发布预测。管理层在单个会计期间可能会发布不诚实预测，但是投资者研读之后的盈余报告或者审计报告就会对之前不诚实的管理层盈余预测给出负面反应。管理层在下一阶段的预测就可能不被投资者所信任。投资者利用盈余报告或审计报告来评估管理层预测的可信度，在多个会计期间，管理层就会发布诚实的预测来建立和投资者之间良好的沟通关系。投资者如果认为公司管理层预测是可信的，那么管理层和市场之间有效的沟通将会降低公司的融资成本。投资者可以利用盈余报告来检验管理层预测的可信度，由此，管理层有激励也有能力建立起公司的预测声誉。Baginski 和 Hassell（1994）研究发现公司业绩快报（Preliminary Estimates）具有显著为负的平均非正常报酬，说明管理层并没有倾向于发布"好消息"而推迟"坏消息"的披露，而且研究发现市场反应与披露时机并没有明显的关系。Soffer 等（2000）发现预告"好消息"的公司只披露了一半的"好消息"，从而为盈余实际公告时给市场一个正向的未预期盈余，而预告"坏消息"的公司却披露了全部的"坏消息"，避免在盈余实际公告日给市场传递出负向的未预期盈余，分析这种预告策略的市场反应后发现，市场并没有充分吸收上述预告策略，相对于对实际盈余公告的市场反应，市场对预告信息反应不足，这也说明了为什么管理层会在盈余预告中披露全

---

　　①　带有最大值的开区间盈余预测是指管理层披露带有"最多"或者"不超过"等字眼的预测盈余，也即预测了盈余可能实现的最大值。

部"坏消息"而只披露部分"好消息"。

附带有补充信息的盈余预测，其市场反应也有所不同。Atiase 等（2005）发现单独披露的业绩预测比捆绑披露的盈余预测具有更大的市场反应，但是 Baginski 等（2004）却发现单独披露的盈余预测的市场反应并不比带有说明性信息的盈余预测的市场反应有更多的信息含量。Clement 等（2003）发现市场对确证型[①]的管理层盈余预测有正面反应，披露了此类预测有利于公司利益。研究表明确证型管理层盈余预测的披露降低了投资者对公司未来盈余预期的不确定性，市场价格变化反映了这个功能。Hutton 等（2003）分析了与管理层预测一起的补充信息的作用，作者将管理层预测的补充披露分为"软话"（Soft Talk）和可证实的前景说明（Verifiable Forward – looking Statements）两类，并发现"软话"类管理层盈余预测的补充披露对"好消息"和"坏消息"具有相同频率，而可证实的前景说明对"好消息"的补充披露则更多一些。不论哪一类补充披露，市场对"坏消息"都有显著的反应，而"好消息"只有带有可证实的前景说明的补充披露才具有信息含量。这说明，投资者认为"坏消息"内在地具有可信性，而"好消息"还需要其他可证实的前景信息，投资者才能对其作出反应，前景性的补充说明对于"好消息"的管理层盈余预测具有增强其可信性的作用。

发布管理层盈余预测的公司特征也会对其信息含量有所影响，Karamanou 和 Vafeas（2005）发现董事会和审计委员会结构越有效，其发布的盈余预告的市场反应越大。盈余预测发布者的特征对其信息含量的影响，Hutton 和 Stocken（2009）研究了管理层前期预测形成的声誉对现有预测的市场反应的影响，研究发现，不论公司管理层公布的是"好消息"还是"坏消息"，公司之前预测的准确度和公司管理层现今盈余预测的准确度呈正相关关系。他们进一步分析发现，如

---

① 确证型的管理层盈余预测（Confirming Management Earnings Forecasts）是指通过管理层的盈余预测发布对市场上形成的公司盈余预期予以证实的自愿披露。

果公司之前预测越准确，股价对于管理层发布盈余预测的市场反应就越大。如果公司之前有很好的预测准确度，那么投资者对于包含极端信息的预测的反应也越大。虽然 Hutton 和 Stocken（2009）等人发现投资者和分析师对管理层预测的反应受公司过去建立的预测准确声誉的影响，但是在新古典经济学和代理理论下，研究者并没有考虑管理者个人偏好对企业决策的影响，因而这些研究也就没有将公司过去建立的声誉分为公司自身特有和管理层特有的声誉，从而没有给出到底是公司特有的声誉还是管理层特有声誉，导致了投资者和分析师对公司管理层盈利预测的反应有所不同。

盈余预测对同行业公司的股价也存在影响，具有行业间的信息传递效应。Baginski（1987）研究发现管理层盈余预测的消息类型以及预测误差对未披露盈余预测同类公司的市场反应有影响，说明管理层盈余预测在同类行业确实存在信息含量传递效应。Baginski（1987）的研究基于同类行业间的预测信息传递效应，是一种平均效应，Pyo和 Lustgarten（1990）进一步研究了同行业公司间的管理层预测的信息传递效应，研究发现发布盈余预测的公司对未披露的同行业公司的信息传递效应取决于披露公司的盈余方差和公司间的盈余协方差。

管理层业绩预测还会影响股票回报的波动性，Jackson（2011）利用 1993~2003 年澳大利亚的数据对发布和未发布管理者盈余预测的公司进行配对，研究发现"坏消息"类型的预测、低精确度的预测以及事先预期缺乏可靠性的预测，其股票回报波动性更大。最新研究表明管理者能力也对其业绩预测的市场反应有所影响，Baik 等（2011）发现相对于低能力 CEO 发布的业绩预测，市场对高能力CEO 发布的业绩预测的反应更大。市场可能会认为能力越强的 CEO其发布的业绩预测拥有的可信度越高，从而对其反应更大。

综上所述，关于业绩预测的股价反应，不论是最开始的探究管理层预测行为是否有信息含量，还是随后的预测特征对其市场反应的影响研究和影响这些业绩预测特征的市场反应的因素研究，既有研究已经取得了大量的研究成果。但是，由于业绩预测的市场反应涉及市场效率以及投资者认知信息的能力，既有研究大多是来自发达资本市场和经济体的经验证据，未来的研究还需检验前述发现在其他国家和地区是否存在，特别是在中国这一新兴转型经济体的制度背景下，既有研究结论是否仍然成立，将会是一个充满研究机会的领域。

二、业绩预测对分析师预测的影响研究

管理层业绩预测不仅给市场投资者传递了信息并引起了股价的反应，其还对分析师的预测产生影响。Waymire（1986）以及 Hassell 和 Jennings（1986）的研究都表明分析师预测利用了管理层预测的结果，管理层预测对分析师预测准确性产生了影响。但是，这两个研究都没有控制住分析师个体的因素，也即管理层预测前后可能不是同一个分析师的行为，由于没有控制住分析师个体因素，很难表明研究结果就是分析师利用了管理层预测的信息。随后的研究就开始研究分析师在管理层预测后的修正预测行为，这样控制了个体固定效应的分析师修正预测行为，使研究管理层预测对分析师预测的影响更为可靠。Jennings（1987）检验了管理层预测发布之后分析师修正的盈余预测信息的信息含量。研究发现，尽管市场对管理层预测的"好消息"和"坏消息"都会做出反应，但对管理层预测的"好消息"持有某种程度的怀疑，只有当分析师重新分析市场环境，并根据管理层的预测对自己的预期进行调整后，市场将对被分析师认可的新信息做出进一步反应，并且基于管理层发布"好信息"的分析师预测修正其市场反应更大。Baginski 和 Hassell（1990）研究发现，分析师利用管理层盈余预测的消息类型和其市场反应改变了自己对公司未来盈余的预期，从而修正自己对公司的盈余预测。进一步分析发现这种联系还受管理层预测时间的影响，第四季度的管理层盈余预测的消息类型对分析师预测修正的影响更大，但是管理层预测的市场反应对分析师预测

修正的影响却消失了。Baginski 等（1993）利用管理层盈余预测数据验证了 Holthausen 和 Verrecchia（1990）以及 Morse 等（1991）建立的投资者一致意见的降低与某种信息的信号传递作用大小以及信号精确度的分散程度呈正相关关系模型。也就是说，如果某种信息来源的精确度越差（如盈利预测的区间估计就较点估计的精确度差），其在市场上引起的反应越大（如管理层盈余预测信息发布的市场反应），那么，这种信息降低投资者一致信念的程度也就会越大。Baginski 等（1993）的确发现管理层预测带来的市场反应越大，其预测的精确度越差，则分析师对此公司后续预测的一致性也越差。

基于发布和未发布管理层盈余预测的比较，Hassell 等（1988）研究发现相对于未发布管理层预测的公司，对外披露了管理层预测的公司其后的分析师预测误差下降得更快，说明管理层盈余预测是有用的，其对随后的分析师预测修正有显著影响。此外，Hassell 等（1988）还研究了管理层预测与分析师预测的相对准确度对于分析师预测修正的影响，研究发现，当分析师预测比管理层预测更准确时，分析师并不会根据管理层预测进行修正其预测，而当管理层预测比分析师预测更准确时，分析师会利用管理层预测修正了自己的预测。但是，Hassell 等（1988）这种采用了后期数据来说明分析师存在先念感知的方法有一定的问题，也就是说，如果分析师能够先念地知道自己与管理层预测的准确度差异，那就说明分析师先念地感知了公司的真实盈余，如果分析师能够准确判断真实盈余，那么分析师就没有必要根据管理层预测来要修正自己的预测，很显然，这里存在一个内在的不一致。Williams（1996）改进了 Hassell 等（1988）认为分析师存在对真实盈余有先念认知的假定，而是认为分析师具有利用过去管理层预测准确度名声的能力，很明显这个假定是符合现实的。基于 Hassell 等（1988）发现的管理层预测对分析师后续修正有影响的观点，Williams（1996）分析了前述关系是否受管理层上一次盈余预测有用性的影响，研究发现管理者上一次预测有用性影响了其后管理层盈余预测对分析师预测修正作用机制的发挥，也即，如果管理者以前年度建立了较好的盈余预测准确度名声，其后续的管理层盈余预测的发布对分析师预测修正的影响也越大。进一步分析管理层盈余预测前后两次发布的消息类型发现，前述影响主要存在于管理层预测过去和现在都是"好消息"的情形。对于这样的发现，Williams（1996）认为这可能是由于分析师认为"坏消息"更具有可信性而造成的。由于不论过去还是现在，只要管理层发布了"坏消息"，分析师都认为其相对于"好消息"而言更具有可信性，从而导致过去的预测声誉作用不再重要，而当前后都是"好消息"时，分析师认为"好消息"没有"坏消息"可信度高，所以分析师需要利用以前年度管理层预测的有用性（也即管理层前期建立的预测准确性声誉）来帮助其判断本次管理层预测"好消息"的有用性。Williams（1996）分析管理层前后两次发布预测的时机发现，前后两次均是在第四季度发布的管理层预测，其管理者以前年度盈余预测准确度名声越好，其盈余预测的发布对其后分析师预测修正程度的影响也越大，而市场反应却对分析师修正程度影响不显著，这与 Baginski 和 Hassell（1990）的发现一致，说明第四季度的管理层预测包含了更多的盈余实现信息，对分析师预测的修正有更大的影响。

Kasznik 和 Lev（1995）发现在控制住负向未预期盈余的大小后，与未发布预警公告的公司相比，发布预警公告的公司经受了更大的市场负面反应和更大的分析师负向修正，进一步分析发现预警的公司其糟糕的业绩往往较为持久，而未发布预警的公司其糟糕的业绩往往是短暂的，他们认为出现对预警公司的过度反应可能是由于投资者识别了这类公司较为持久的糟糕业绩或者是因为投资者对预警公司考虑的比较多，降低了对公司长远的预期，他们认为正是由于管理层认知了投资者存在这种过度反应，大多数公司并没有发布预警公告。Libby 和 Tan（1999）通过对 28 个财务分析机构进行了案例测试，发现分析师会认为预警的公司比没有预警的公司诚实，因此会对预警的公司给予正面评价，但由于预警的公司相对于没有预警的公司，等于向市场公告了两次坏消息，因而总的股价波动会更大。与 Kasznik 和 Lev （1995）对投资者过度反应的解释不同，Libby 和 Tan（1999）认为分析师对公司预警行为有正面的评价，但是这种正面效应会被连续警告① （Sequential Warning）的"两次坏消息"的负面效应所抵消。分析师对连续警告的这种态度上和行为上的不一致在心理学中是一种普遍的现象，一般的投资者也具有类似行为。

管理层盈余预测的特征对分析师预测修正也会产生影响，Libby 等（2006）通过实验设计研究了管理层盈余预测的精确度对分析师预测修正的影响。研究发现，管理层预测对于紧跟其后的分析师预测没有影响，待实际盈余公告后，管理层预测精确度与预测误差共同作用于分析师的预测。带有"悲观"（"乐观"）偏见的管理层预测误差，分析师发布较高（较低）的未来预测。与点估计相比，前述影响随着预测区间的缩小（扩大）而加强（降低）。Soffer 等（2000）发现管理层盈余预告具有全部披露"坏消息"而保留部分"好消息"的策略，而市场并没有识别出管理层的这一预告策略。那么，作为专业投资者，分析师是否能够识别出管理层这一预告策略呢？ Tan 等（2002）研究了这一问题。具体地，Tan 等（2002）研究了分析师在公司管理层盈余预告以及实际盈余公告后对公司未来盈余预测的修正行为。对于盈余预告和实际盈余公告这一信息总体有"好消息"和"坏消息"② 两种类型，管理层盈余预告都有高估、精确估计或低估三种可能，因此，管理层盈余预告针对总体消息类型共有六种披露策略。研究表明，当管理层盈余预告采取了低估（高估）了"好消息"

---

① 当公司业绩可能无法达到原来的期望时，有的公司会向市场发布预警公告，对外发布预警公告是第一次对市场传递了坏消息，而等到年度业绩数据正式对外公布时，糟糕的业绩等于是给市场第二次传递了坏消息，这样两次向市场传递坏消息的过程就是连续警告（Sequential Warning）。

② 总体消息类型由盈余预告日消息类型和实际盈余披露日消息类型组成。消息类型由披露的盈余与分析师一致预测盈余的相对大小来判断。

（"坏消息"）的总体盈余信息策略时，分析师对这种策略的公司未来盈余预测给予了最大幅度的上调。Clement 等（2003）发现，随着确证型的管理层盈余预测的发布，虽然分析师对盈余的一致预测没有显著变化，但是分析师对公司未来盈余一致性信念的分散程度有所降低，而且这种降低程度与管理层预测的市场反应大小正相关。Cotter 等（2006）采用面板数据发现，当分析师预测比较乐观，以及在控制分析师预测乐观因素后分析师预测离差较低时，管理层很有可能发布自己的预测。在管理层发布预测后，分析师快速地予以回应，具体地，在样本期间，47%的分析师在管理层预测的五天后修正了自己的预测。此外，管理层预测的精确度影响了分析师修正其盈余预测至最终可实现的盈余目标的可能性，具体地，与其他预测形式相比，采用点预测、闭区间预测以及带有"超过"词语的开放性预测等管理层预测形式，会加大分析师将其预测修正为"悲观"或者无偏见的最终盈余目标的可能性。研究说明管理层盈余预测对于引导分析师修正其预测至最终可实现的盈余目标起到很重要的作用。

随着研究的深入，研究者开始探究分析师所在机构与公司的关系对分析师预测修正的影响，Mei 和 McVay（2010）研究发现，当公司将要发行股份或者其他能够给分析师所在机构带来潜在收入时，为了取悦此公司管理层，与管理层预测的可行性和有用性相比，分析师会更大程度上依据管理层预测来修正其对公司短期盈余预测。平均而言，分析师会从随后获取的业务中获得回报，虽然分析师这样做会损失自己预测准确性的名声声誉。

对于管理层发布的业绩预测，分析师有了积极主动的反应，管理层预测对分析师的预测修正有着显著的影响，并且这种影响还受管理层预测特征的影响。但是，目前的研究也存在缺陷，现有研究还没有考虑管理者个人特征对分析师预测修正的影响，既有研究已经发现管理者个人特征以及个人能力对业绩预测的发布和其特征有影响（Bamber et al., 2010；Baik et al., 2010；Brochet et al., 2011；Hribar and Yang，2011）、投资者对具有不同能力的管理者所发布的业绩预测反应也有所不同（Baik et al.，2010），因此，业绩预测对分析师预测修正的影响，后续研究还需分离公司与管理者因素，从更微观的层面来考察业绩预测对分析师预测修正的影响。

第四节 政府干预环境、实际控制人与企业行为研究

企业行为内生于其所处的制度环境和制度安排，而转型经济体的最大制度环境就是政府与市场共同在资源配置中起作用，政府甚至有更大的支配动机和能力，在这样的制度环境下，企业行为具有独有的特点。政府干预的环境还会因企业的性质而有所差异，Boycko 等（1996）以及 Sappington 和 Stiglitz（1987）等的研究表明，相对于私有产权而言，政府干预对于政府控制企业更为容易。因此，不同程度的政府干预环境和不同实际控制人性质①，企业的行为会有所差异。本节从企业实际控制人性质和政府干预环境两个角度，梳理了两者对企业行为影响的相关文献。

一、实际控制人性质与企业行为的关系研究

政府控制企业与非政府控制企业在经营投资行为上具有不同的目标函数，因而会出现了一些差异。实际控制人性质影响了企业的投资

---

① 实际控制人是指虽不是公司的股东，但通过投资关系、协议或者其他安排，能够实际支配公司行为的人或者公司，也可以理解为终极产权。此研究领域最早对企业性质进行划分是刘芍佳等（2003），他们以终极产权论将中国上市公司的控股主体划分为政府控制和非政府控制，随后有大量的研究基于同样的思路，按照上市公司的实际控制人性质将企业划分为政府控制和非政府控制两类，本书中的实际控制人性质也是指企业的终极产权类型，基于实际控制人是政府和非政府将企业分为政府控制和非政府控制两类。

行为，辛清泉等（2007）研究发现，当薪酬契约无法对经理的工作努力和经营才能作出补偿和激励时，有更多的证据表明，地方政府控制的上市公司存在着因薪酬契约失效导致的投资过度现象。程仲鸣（2010）基于大小股东代理理论分析了终极控制人的控制权、现金流权对我国企业投资不足和投资过度的影响。结果发现，民营企业的终极控制人的控制权与现金流权偏离度越大，其投资不足现象越严重，较高的现金持有偏好是终极控制人影响企业投资不足的可能机制，但以上结论在国有企业并不成立。实际控制人性质对企业投资效率也存在影响，辛清泉等（2007）以我国上市公司 2000～2004 年的经验数据为样本，实证分析了企业集团和政府控制对企业投资效率的影响。结果表明，相对于独立上市公司而言，附属于企业集团的上市公司投资模式更为正常，其投资的价值损害效应也更轻，但其市场价值却显著更低，而对于地方政府控制的上市公司而言，前述企业集团的效率促进作用相对有限，但其价值损害效应却最为强烈。徐一民和张志宏（2010）从企业投资支出模型出发，以政府控制为研究背景检验了产品市场竞争对企业投资效率的影响。经验证据表明，产品市场竞争越激烈的行业其投资效率较高，而政府控制的企业对产品市场竞争的敏感性较低，由此扭曲了企业的投资行为，降低了投资效率。实际控制人性质还影响了投资的绩效，刘星和安灵（2010）研究发现，大股东追求控制权私有收益对市县级政府和非政府所属上市公司的投资收益产生了消极影响，市县级政府控制和非政府控制上市公司的投资绩效受到堑壕效应的消极影响，但利益趋同效应仅在非政府控制上市公司中有所显现，股权制衡对市县级政府和非政府控制的上市公司投资绩效有一定的积极作用。

实际控制人性质影响了公司的融资行为，张纯等（2007）使用 Almeida 等（2004）提出的融资约束模型，研究了机构投资者持股对国有与民营企业融资约束和融资能力的影响。结果表明，机构投资者的参与能显著降低民营企业的信息不对称程度，降低其所面临的融资约束和对内部资金的依赖，进而提高了其负债融资能力，但机构投资者的参与并未能降低国有企业面临的融资约束和提高其负债融资能力。伍中信和李芬（2010）以我国2001~2008年非金融上市公司为样本，考察了我国上市公司的过度投资行为对银行信贷资金配置的影响，并进一步考察了不同产权性质对投资效率和银行信贷配置影响的差异。研究发现，企业过度投资程度越大，越容易获得银行贷款，相对于私有产权控股公司而言，随着过度投资程度的增大，国有控股公司获得的银行信贷规模越大，国有控股公司过度投资的程度要大于私有产权控股公司。研究结果表明银行的信贷资源更多流向了过度投资的国有控股公司，我国信贷市场的资源配置功能有待优化。祝继高和陆正飞（2011）也支持政府控制企业获得了更多的融资资源，他们以1998~2004年符合配股条件的A股上市公司为样本，研究发现民营企业发布配股预案的比率更低，实施配股的比率也更低，但这并非是因为民营企业的外部融资需求更低，而是证券监管部门在配股审批中优先照顾国有企业。进一步的研究还发现，被批准实施配股的民营企业未来投资增长更快，而实施配股的国有企业更有可能变更募集资金的预计使用用途，这表明监管部门在配股审批中对国有企业的照顾损害了民营企业股东的利益，影响了资源配置效率。朱家谊（2010）发现地方政府控股的上市公司相对于中央政府控股的上市公司更偏好于长期债务融资。实际控制人性质对企业融资行为的影响，不论是配股还是银行信贷，研究普遍支持政府控制公司获得了优先于非政府控制公司的资源配置。

实际控制人性质还影响了企业的会计信息评价作用，蔡地和万迪昉（2011）研究了不同实际控制人的国企高管薪酬—业绩敏感性差异，发现地方国有企业的独立董事比例越高，其高管—薪酬业绩敏感性反而越低，没有发现两职合一对其高管—薪酬业绩敏感性有显著影响，而对中央国有企业而言，独立董事比例和两职合一对高管薪酬—业绩敏感性都没有显著影响。杨勇等（2009）利用1995~2002年我国上市公司 CEO 更换数据，实证分析和比较了国有和民营控股上市公司的绩效考核机制。研究发现，对于国有控股上市公司而言，资产周转率与 CEO 更换负相关，权益乘数与 CEO 更换正相关，利润边际与 CEO 更换不相关；而对于民营控股上市公司而言，利润边际与 CEO 更换负相关，其余两个绩效因子与 CEO 更换不相关。周仁俊等（2010）从国有与非国有控股上市公司产权基础不同的视角，分别对管理层货币薪酬、持股比例和在职消费与企业经营业绩的相关性进行比较研究。研究发现，管理层货币薪酬与企业经营业绩呈正相关关系，其相关程度在非国有控股上市公司表现得更为显著；管理层持股比例与企业经营业绩呈正相关关系，其相关程度在非国有控股上市公司表现得更为显著；管理层在职消费程度与企业经营业绩呈负相关关系，其程度在国有控股上市公司表现得更为明显。实际控制人性质还影响了公司盈余质量与 CEO 任期的关系，陈德球等（2011）基于 2004～2008 年上市公司样本，实证研究发现，公司盈余质量与 CEO 任期显著正相关，并且这种正相关性在民营企业中更为显著；在不同的政府控制层级的上市公司中，地方政府控制的上市公司 CEO 任期与公司盈余质量的正相关性较弱。实际控制人还影响了机构投资者对会计信息质量的治理效应，薄仙慧和吴联生（2009）研究发现国有控股公司正向盈余管理水平显著低于非国有公司，随着机构投资者持股比例的增加，只有非国有公司的正向盈余管理水平显著降低，国有控股和机构投资者对公司负向盈余管理水平影响均不显著。这说明，从盈余管理角度来看国有控股和机构投资者有利于公司治理的改善，但机构投资者的积极治理作用在国有控股公司中受到限制。

实际控制人性质对于企业信息披露行为也有所影响，王俊秋和张奇峰（2010）以财务重述为研究对象检验了实际控制人性质与上市公司财务重述行为之间的关系。研究发现，与非政府控制的公司相比，政府控制的公司尤其是地方政府控制的公司发生财务重述的概率更高。徐向艺和宋理升（2009）以 2004～2006 年深交易所的上市公司为样本，发现中央上市公司实际控制人的控制权、现金流权同信息披露透明度显著正相关，地方上市公司实际控制人的控制权、现金流权同信息披露透明度显著正相关，民营上市公司实际控制人的控制层次、控制权与现金流权的分离程度同信息披露透明度显著负相关。

此外，曾庆生和陈信元（2006）从公司雇员角度研究了控股股东的所有制性质对上市公司社会性负担的影响。经验证据表明，国家控股公司比非国家控股公司雇用了更多的员工，并且国家控股公司的超额雇员主要源自上市初的历史遗留冗员；超额雇员和高工资率共同导致国家控股公司承担了比非国家控股公司更高的劳动力成本。此外，研究还发现在国家控股公司中国资部门控股公司的超额雇员最多、劳动力成本最高，相对其他公司而言，这类公司上市后可能继续超额雇员。王烨（2009）从上市公司至其最终控制人之间股权控制链的视角，对上市公司控制权结构与控制性股东侵占行为之间的关系进行实证分析。结果表明，控制性股东对上市公司的资金侵占随着股权控制链的增长而趋于严重，这种情况在非国有控股的上市公司中表现得更为明显。也即，相对于国有控股股东，非国有最终控制人有更强的激励通过建立较长的控制链，达到占用上市公司资金的目的。实际控制人性质还影响了企业的担保行为，罗党论和唐清泉（2007）考察了政府控制、银企关系以及上市公司的担保行为之间的关系。研究发现，由于国有企业与国有银行在产权上的同一性，地方政府控制的企业的关系贷款会更容易影响到其对外担保行为，同时地方政府的财政赤字也会显著影响到地方政府控制的上市公司的担保行为。而对民营上市公司而言，银行与公司的关系贷款、当地的财政赤字等对其担保行为影响不大。实际控制人的性质对上市公司现金股利政策也会产生影响，宋玉和李卓（2007）以 2002～2004 年上市公司的股利分配数据，研究发现上市公司现金股利政策与最终控制人的侵害动机成反比，现金股利的支付率随着最终控制人控制权比例的增加呈先减少后增加的"U"形变动，最终控制人性质为政府尤其是地方政府时，上市公司派发现金股利的概率和水平更高。实际控制人性质对于企业选聘会计师事务所也存在影响，王艳艳（2007）研究发现中央政府控制的上市公司存在选择高质量事务所的动机，地方政府控制的上市公司存在选择地方小所的动机，非政府控制的上市公司存在选择国家层面大所的动机。

二、政府干预环境与企业行为的关系研究

Shleifer 和 Vishny（1994，1998）研究了政治家以及政府与企业的关系，认为政府对企业的干预有"扶持之手"和"掠夺之手"两种作用。由于政府干预的存在，使企业在投资、融资以及经营行为上有所差异。

地方政府基于自身目标考虑，有干预国家控制企业过度投资的行为。如程仲鸣（2008）发现地方国有上市公司存在着因政府干预而导致的过度投资现象。唐雪松等（2010）发现了地方政府基于地方经济指标，给予地方国有企业以行政干预使其过度投资，以实现地方GDP增长。张洪辉和王宗军（2010）也发现了国有上市公司的过度投资是由政府将其公共目标，如就业、税收等内部化到其控制的企业的结果。梅丹（2009）认为来自政府、银行及公司内部的预算软约束都可能造成国有上市公司的非效率投资，经验证据表明直接的政府干预及"内部人控制"产生的预算软约束是导致国有上市公司过度投资的直接成因，研究还发现地区金融发展水平及直接的政府补助对上市公司过度投资的作用并不显著。钟海燕等（2010）以2005～2008年我国国有上市公司为样本，用国有控股类别和金字塔层级分别度量政府干预和内部人代理冲突相对大小，实证检验了国有控股类别和金字塔层级对自由现金流的过度投资的影响。研究发现，无论从控股股东是政府机构还是国有企业角度考察政府干预国有公司的强弱，还是从金字塔层级角度考察政府行政干预的强弱，受政府行政干

预强的国有公司投资行为反而优于受内部人控制的公司。这说明，虽然行政干预有追求非经济效率的弊端，但是它也有抑制了内部人的机会主义。政府干预对企业非效率投资行为也会产生影响，张功富（2011）以2004~2009年701家上市公司为样本，研究发现，政府干预一方面会加剧有自由现金流量公司的过度投资，对国有企业过度投资的影响更为严重；另一方面可以有效地缓解融资约束企业的投资不足，尤其是国有企业的投资不足。地方政府对于国有企业的投资取向也有所影响，郝颖和刘星（2011）发现地方政府有动机干预国企增加固定资产、股权并购和垄断资产投资，削减技术资产投资。在政府干预程度较大的地区，国资委直属企业的固定资产投资规模和增速最大，而企业集团所属企业的股权投资增长趋势最为强劲，政府对企业投资取向的干预，从规模和结构分布两方面损害了投资效率。

政府干预对企业的多元化经营战略也存在影响。陈信元和黄俊（2007）对转轨经济下政府干预与企业经营行为间的关系进行了考察。研究发现政府直接控股的上市公司更易实行多元化经营，而且在政府干预经济越严重的地区，这种现象越为明显。政府干预下的公司多元化经营，由于更多地出于政治目标和社会职能的考虑，降低了企业的绩效。方军雄（2008）也研究了在存在地方政府干预的背景下，不同所有权性质与企业并购决策的关系，与陈信元和黄俊（2007）研究结论相似，他研究发现地方政府直接控制的企业更易实施本地并购、更多地实施无关的多元化并购，而中央政府控制的企业则可以突破地方政府设置的障碍，实现跨地区并购。此研究表明地方政府干预对企业的并购决策产生了影响。马忠和刘宇（2010）选取2004~2006年沪深A股上市公司为研究样本，分析企业资源类型与多元化战略选择之间的关系，以及政府干预对企业经营行为的影响。研究发现在资本市场上获取的财务资源以及市场营销方面的无形资源更支持企业进行相关多元化经营，受政府干预程度越高的企业，对提高研发能力和营销能力等长期投资的倾向性越低，但却容易获得银行贷款等方面的支持且其多元化的程度也越高。前述结果表明，上市公司多元化经营战略不仅受企业资源性质的影响，而且多元化的动机也强调政府干预等制度环境方面的因素。政府干预还影响了民营企业家的政治关联与多元化经营的联系，蔡地和万迪昉（2009）发现同企业家不具有政治关联的民营企业相比，企业家具有政治关联的民营企业更倾向于进行多元化经营，进一步研究表明，政府干预越是严重的地区，企业家具有政治关联的民营企业越倾向于进行多元化经营。

政府干预对企业的兼并活动以及兼并绩效有所影响，潘红波等（2008）研究了地方政府干预、政治关联对地方国有企业并购绩效的影响。发现地方政府干预对盈利样本公司的并购绩效有负面影响，而对亏损样本公司的并购绩效有正面影响。他们进一步分析指出，出于自身的政策性负担或政治晋升目标，地方政府会损害或支持当地国有上市公司。地方政府会给予当地大型企业以政治或者经济压力，促使其并购当地面临破产的企业，从而解决当地就业问题，帮助地方政府甩掉包袱，也即林毅夫等（2004）提出的政策性负担。黄兴孪和沈维涛（2009）基于我国国有控股上市公司的政府干预与内部人控制双重治理特征，分析了上市公司的并购绩效问题，研究表明中央控制类型的国有控股上市公司的并购绩效优于地方政府控制的上市公司，政府适度干预的公司并购绩效优于政府过度干预的国有控股上市公司。立足于2006年中央国资委首次明确国有资本将实施行业战略控制的现实背景，刘星和吴雪姣（2011）考察了政府干预、行业特征与国企并购价值创造的关系。结果发现，就盈利企业而言，地方政府干预对并购价值创造形成"掏空之手"，而就亏损企业而言，地方政府干预对并购价值创造的影响不显著，实施并购的地方国企的行业特征对政府干预与并购价值创造的相关关系具有调节效应。

政府干预对借贷市场以及企业的借贷行为都有所影响，由于银行信贷是政府的"第二财政"，为了本地区的经济发展以及其他政治、经济目标，政府对银行放贷以及企业借贷都有重要的影响。姚耀军

（2010）认为1994年的分税制改革在改变中央与地方政府财政收支格局的同时也使地方政府面临较沉重的财政收支压力，这将会增强地方政府对银行信贷决策的干预。以国有化比率及其财政支出收入比为政府干预的代理变量，基于1997～2006年省际面板数据，研究发现政府干预对银行中介发展的经济增长效应具有显著的负面影响。孙铮等（2005）认为当司法体系不能保证长期债务契约得以有效执行时，"政府关系"是一种重要的替代机制，以我国上市公司1999～2003年的数据，研究发现企业所在地的市场化程度越高，其长期债务的比重越低，进一步分析发现上述差异主要是由于政府对企业干预程度的不同。朱家谊（2010）研究也发现，政府干预程度显著影响企业债务期限结构决策，政府干预程度越强的地区，企业的债务期限结构越长。地方政府干预企业运营也会影响公司的银行债务以及资金侵占，高雷等（2006）发现政府干预主要加剧了国家控制的上市公司的控股股东对上市公司资金的侵占，只有当上市公司受国家控制且受政府干预多时，银行债务才显著地加剧了控股股东对上市公司的资金侵占。结果表明，在我国，国家控制及政府干预显著地加剧了控股股东与小股东及银行债权人之间的利益冲突。政府干预还影响了企业的借款结构，黎凯和叶建芳（2007）研究结果表明，不论是政府控制还是非政府控制公司，中央政府和地方政府对短期借款基本没影响，也不受地方干预环境的影响，对于长期借款，中央政府干预较少而地方政府主要对长期借款进行干预。李跃等（2007）发现公司外部环境因素也影响了其债务结构，当公司所处地区的政府干预越多（少）、市场化程度越低（高）以及法治水平越差（好）时，公司的银行（信用）债务占总负债的比例越高。肖作平（2010）发现公司终极控制股东的所有权和控制权分离度与其债务水平显著负相关，政府干预与公司债务水平显著正相关，政府干预弱化了终极控制股东的所有权和控制权分离度与债务水平之间的负相关关系，也就是说，政府的干预使债务资本供给方（尤其是银行等金融机构）会给所有权和控制权分离度高的公司提供贷款，尤其是长期信贷资金。

政府干预对会计信息质量和审计效率也有所影响。陈晓和李静（2001）发现，为了在资本市场中争夺资源，地方政府积极参与了上市公司的盈余管理，地方政府对上市企业进行了大面积的税收优惠和财政补贴，这不仅导致了税务竞争现象，还极大地扭曲了上市公司的会计信息，如果没有地方政府的财政支持，近一半的已配股公司会得不到配股资格。李亚静和朱宏泉（2010）将政府批准持续经营时间不到三年的公司提前发行股票上市的公司视为存在政府干预行为，探讨了公司在 IPO 过程中政府干预行为以及公司实际控制人性质对盈余操纵的影响，分析发现，在 IPO 过程中，政府干预提前上市的公司呈现出比非政府干预上市公司有更严重的盈余操纵行为，政府干预的非国有控股的上市公司呈现出了最严重的盈余操纵行为，而国有控股的非政府干预上市公司呈现出了最低的盈余操纵程度。郑石桥和许莉（2011）运用地方审计机关 2003～2007 年的数据，分析了政府干预对审计处理执行效率的影响。研究发现，地方政府干预对上缴财政执行率、减少财政拨款执行率、归还原渠道资金执行率有抑制作用，对调账处理执行率无显著影响。政府干预还影响了会计信息的评价作用，刘凤委等（2007）发现政府干预会影响公司会计业绩信息的度量作用，基于国家控股上市公司的经验数据，研究发现，政府对企业干预越多以及外部竞争程度越低，会计业绩与经营者的奖惩关联度越弱，会计业绩的度量评价作用越小。

在公司担保行为上，政府干预也存在影响，陈凌云等（2011）研究发现，政府干预对上市公司的对外担保行为有显著影响，而且这一干预还因政府层级和各地的市场化进程的不同而有所差异。此外，肖浩和夏新平（2010）以 1999～2001 年沪深两市 334 个配股上市公司样本为研究对象，实证研究了政府干预、政治关联与权益资本成本间的关系。研究发现政府干预对国有企业的权益资本成本产生了显著的负面影响；政治关联整体上并没有影响国有企业的权益资本成本，但考虑不同的政府干预程度后，政治关联在政府干预比较严重的公司能提高权益资本成本。袁淳等（2010）以2000～2006年发生财务困境的480个观测数据为样本，检验了国有产权与政府干预对公司财务困境成本的影响。以行业中位数调整后的正常期间资产报酬率与困境期间资产报酬率的差额度量财务困境成本，经验证据表明地区政府干预程度越高，公司财务困境成本越低；在政府干预程度较高的地区，国有公司的财务困境成本显著更低，但在政府干预程度较低的地区，国有产权对财务困境成本无显著影响。政府干预对国企高管薪酬—业绩敏感性也会产生影响，蔡地和万迪昉（2011）以2004～2006年的国有上市公司数据为研究对象，发现地方政府干预降低了由当地国资委所控制国企的高管薪酬—业绩敏感性，但对当地由中央国资委所控制国有企业的高管薪酬—业绩敏感性没有显著影响。丁明智等（2011）以生物医药行业上市公司为研究样本，考察了不同经济环境下股权制衡对企业绩效的影响以及政府干预的调节作用。研究发现，相对于非危机环境来说，在危机环境下股权制衡对企业绩效的促进作用显著增强，政府干预在股权制衡对企业绩效影响中的负向调节作用显著增强。

政府对企业尤其是国有企业进行干预是转轨经济国家最基本的特征，政府干预对企业行为的影响和企业实际控制人对其行为的影响会存在交互关系，林毅夫等（1997）指出，经过"放权让利"的改革，国有企业经营者已经取得了相当多的生产经营自主权，但是国有企业仍然承担着传统计划经济时期形成的政策性和社会性负担。Sappington和Stiglitz（1987）从干预的成本角度进行了分析，在他们看来，公有生产和私人生产两种有关的交易成本不同，政府对公有企业的生产安排进行直接干预的成本要小于对私有企业干预的成本。公有企业通常便于政府干预，而对私有企业的干预会更加困难。Boycko等（1996）比Sappington和Stiglitz（1987）的分析更加具体化，发现对公有企业的行政干预的可能性更大，因为出于政治原因操纵国有企业经营的政府官员得到了干预带来的全部收益，而几乎不用承担直接（如补贴支出）或间接成本（如无效率成本）。政府官员通过过度补贴私有企业使其服务于政治目标比扭曲国有企业经营达到政治目标要更加透明、更加困难。

综上所述，我们从实际控制人和政府干预角度回顾了两者对企业行为的影响。可以看出，基于中国转轨经济的制度背景，实际控制人和政府干预对企业的投资、融资以及经营活动的各个方面都有影响，既有研究已经取得了大量的经验证据。基于营业收入在评价企业规模和地方经济发展中的巨大作用，使各级地方政府有强烈的做大做强地方企业规模的动机，因而，有理由相信，实际控制人和政府干预对于企业营收计划的实现程度应有所影响。本书关于实际控制人和政府干预对企业行为的研究回顾为后面的营收计划实现程度研究提供了丰富的文献基础。

第四章　营收计划披露的影响因素研究

本章基于高层梯队理论和代理理论，研究了董事长个人特征和代理成本对管理层营收计划披露的影响。以 2008 ~ 2010 年度 A 股上市公司为样本，研究发现，公司董事长年龄、性别以及股权代理成本与营收计划披露相关。董事长年龄越大、董事长为女性以及股权代理成本越小的公司，其披露营收计划的可能性越大。研究还发现公司规模、董事长和总经理两职合一以及交叉上市对公司营收计划披露也有显著地影响。本章的研究意义不仅在于丰富和拓展了国内外相关研究成果，而且有助于我们从管理者个人特征方面来理解我国上市公司的披露行为。

第一节　引　言

在新古典经济学以及委托代理理论中，公司管理者特有的异质性对于公司决策被假定影响甚微，既有经济、金融以及会计的理论与实证研究很大程度上假定管理者特有的非经济异质性对于解释公司决策间的差异性作用有限（Bamber et al.，2010）。而 Hambrick 和 Mason（1984）提出的高层梯队理论（Upper Echelons Theory）却认为公司管理者是不能够有效替代的，管理层的年龄、工作年限以及教育背景等特征对于形成其心理认知有着重要影响，进而管理层的偏好差异导致了组织的不同产出（如战略选择、组织绩效等）。Bamber 等（2010）、Brochet 等（2011）以及 Yang（2012）等基于高层梯队理论，分别研究了公司高管异质性对于管理层披露风格的影响以及这一风格的市场反应。本章同样基于 Hambrick 和 Mason（1984）的高层梯队理论，认为公司高管的异质性对于公司的决策有不可忽视的作用，来考察公司高管的背景特征（如年龄、性别等）差异对管理层披露有无影响。

现代公司的所有权与经营权分离特征使公司面临着委托代理问题

（Jensen and Meckling，1976），由于公司所有人与经营者在公司内部信息获知上的不对等性，信息不对称以及激励问题影响了资本市场的资源配置功能。股东与管理层之间存在的股权代理成本对于管理层制定决策有着重要影响，当管理者没有持有公司全部股份时，其在制定决策时不再以股东利益最大化为目标，而是更多地考虑个人利益的实现。基于此，除了从高管特征角度外，本章还从公司股权代理成本角度，考察公司股权代理成本大小对管理层披露的影响。

信息披露分为强制性信息披露和自愿性信息披露。何卫东（2003）认为自愿性信息披露是上市公司基于公司形象、投资者关系、回避诉讼风险等动机主动披露的信息，将公司内部专用信息提供给所有投资人以降低股东与管理层的委托代理成本，如管理者对公司长期战略及竞争优势的评价、环境保护和社会责任、公司前瞻性预测信息以及公司治理效果等。Healy 和 Palepu（2001）认为管理层的预测作为信息披露的代理变量具有衡量准确和时间确定的优势。基于此，本章以我国上市公司的营业收入计划是否采取定量披露作为管理层自愿披露的代理变量，来研究我国上市公司在信息披露行为上存在差异的原因。

后面的结构安排如下：第二节为理论分析及假说提出；第三节详细介绍了数据来源、变量定义、变量计算过程以及实证研究模型；第四节是实证结果分析，包括模型中变量的描述性统计分析、相关性分析、回归模型检验结果的分析和稳健性检验；最后是本章的小结。

第二节　理论分析与假说发展

公司的信息披露环境内生于投资者、创业者和管理层之间的信息不对称和代理问题（Beyer，2010）。对于股东与管理层之间的代理问题，主要是由于两者之间的信息不对称而导致的逆向选择和道德风险。管理层的自愿性信息披露行为对于代理人的信号显示或者作为委托人的信息甄别具有重要作用。

基于国外资本市场所发现的影响公司自愿披露的六大动机，罗炜和朱春艳（2010）认为中国的制度背景使影响管理者自愿信息披露的因素有所不同，他们认为资本市场交易假说忽视了管理层与股东的代理成本，而中国大部分上市公司为国有控股公司，公司控制权争夺动机缺乏。我国上市公司股权激励不普遍，管理者持有股票的比例很小，因而缺乏动机通过自愿披露实现股票交易的个人利益。此外，我国属于投资者保护较弱的大陆法系，管理层基于诉讼风险而自愿披露的动机也较小。罗炜和朱春艳（2010）认为代理成本应是影响我国上市公司自愿披露的重要因素。他们用现金流量表的"支付的其他与经营活动有关的现金"附注信息表征自愿性信息披露，研究发现，管理者与股东的代理成本越高，管理者自愿披露经营活动相关现金支出的可能性就越小，披露涉及的项目也越少，且披露金额占总支出的比例也越小。说明当代理成本较高时，基于我国较小的法律风险，管理者可能更倾向于做出对自己利益最大化有利的决策而隐瞒信息或减少自愿信息披露。管理层利益协同程度也是公司代理成本的一种表征方式，张然和张鹏（2011）以 CEO 持股比例作为管理层利益协同程度的度量，发现管理者利益协同程度越高的公司更可能自愿发布业绩预告，这也间接说明，代理成本越小，公司越有可能进行自愿披露。

股东与管理层之间存在的股权代理成本对于管理层制定决策有着重要影响。一方面，既有研究发现自愿披露具有向市场提供更多的信号从而获得更有利的资金供给的功能（Healy and Palepu，2001），自愿披露可以降低公司的资本成本（Leuz and Verrecchia，2000），并且随着公司自愿披露信息的增加，公司的股价平均提高7%，披露次年的股价有8%的改善，并在随后的三年中机构投资者对样本公司的平均持股量增加了12%~24%，并有了更多分析师的跟随，股票的流动性增强（Healy et al.，1999）。但是，当管理者持有较少或者没有持有公司全部股份时，管理者与公司股东的代理成本较大，其在制定决策时不再以股东利益最大化为目标，而是更多地考虑个人利益的实现（Jensen and Meckling，1976）。也就是说，当代理成本较高时，管理层考虑更多的是个人利益而非股东利益最大化，虽然自愿披露对公司股东利益具有种种好处，但管理层并不具有为获取前述好处而进行自愿披露的动机。另一方面，代理成本越高，高管越可能最大化地实现个人私利，如通过大量的在职消费或者过度福利来实现公司对自己的"隐性支付"，而滋生这种利益输送的土壤就是公司不透明的信息环境。公司自愿披露主要是为了减轻公司管理者、股东或其他利益相关者之间委托代理问题（Healy and Palepu，2001），因此，基于管理层私利，代理成本越大，管理者进行自愿披露的意愿越低。因此，本章提出如下假说：

H4 –1： 保持其他条件不变，管理者与股东之间的代理成本越高，管理层披露营收计划的意愿越低。

Hambrick 和 Mason（1984）认为年龄大管理者会倾向于规避风险，而年轻的管理者更愿意承担风险。Bertrand 和 Schoar（2003）较早地将管理者特征引入了企业行为和企业绩效研究中，研究发现，职业经理人的固定效应在企业决策行为（包括投资策略、融资策略、组织战略）和绩效的决定中具有显著的作用，并且发现年龄大的管理者平均而言更为稳健。Bamber 等（2010）也发现年龄层较大的管理者越具有稳健精神。基于中国制度背景，何威风和刘启亮（2010）通过研究高管背景特征与财务重述行为的关系，也发现上市公司高管团队年龄越大，公司越不可能发生财务重述这种风险较大的行为。这些研究表明，管理者年龄越大，越趋于具有风险规避的个人偏好。

既有研究也发现女性比男性更趋于具有风险规避的偏好。Francis 等（2009）发现女性 CFO 比男性 CFO 表现出更倾向于规避风险的特征，女性 CFO 更多地采用更为谨慎的财务报告政策。Francis 等（2011）发现银行考虑了女性 CFO 更趋风险规避的特质。研究发现，平均而言，CFO 为女性的公司获取的贷款成本低于 CFO 为男性的公司 11%，而且给予了女性 CFO 的公司更长的借款期限和较低的担保要求概率。Breesch 和 Branson（2009）采用实验方法分析发现，相对于男性审计师而言，女性审计师更趋向于规避风险，女性审计师比男性审计师发现了更多的潜在错误陈述。施丹和程坚（2011）基于中国上市公司的数据，研究发现相对于男性组审计师，女性组审计师更加规避风险，故而要求更多的审计时间和使用更多的审计人员，而这虽然没能提高审计质量但却增加了审计费用。

　　管理层业绩预测这类的自愿披露，特别是在年度报告中披露下一年度的营收计划，展现的是管理层对公司未来前景的驾驭能力，如果不对外发布业绩预测，将会使投资者对于公司管理层的经营能力产生怀疑，从而产生管理层声誉损失这一潜在成本，这里称其为"不披露损失"。高层梯队理论强调管理者个人特质对公司决策的影响，基于既有研究发现的较大年龄以及女性管理者具有更强的风险规避偏好，相对于年纪轻的和男性管理者，年龄大的管理者和女性管理者更有可能基于规避声誉损失而进行营收计划的自愿披露。但是，发布业绩预测也具有因预测不准确而丧失投资者对管理者信任的风险，基于名声的考量，风险规避的管理者也有可能不愿进行自愿披露，这里称其为"预测准确性损失"。那么，管理者的业绩预测自愿披露，就取决于这不披露损失和预测准确性损失这两种风险的相对大小。为此，我们不预测符号地提出如下假说：

　　H4－2： 保持其他条件不变，管理者的年龄与其自愿披露营收计划的意愿相关。

　　H4－3： 保持其他条件不变，管理者的性别与其自愿披露营收计划的意愿相关。

第三节 研究设计

一、数据来源

研究选取了在 2008～2010 年披露了其年度报告的上市公司为全样本，并根据研究需要做了如下的剔除：

（1）由于行业特殊性以及财务指标的差异，剔除了金融类上市公司；

（2）剔除变量计算时数据缺失的公司。

最终获取了 5233 个有效观测值作为研究样本。具体数据来源为：公司财务数据主要来自 Wind 中国金融数据库，高管变更以及融资需求所需数据来自 CSMAR 数据库，公司财务指标数据来自 RESSET 金融研究数据库，公司治理相关变量来自 CCER 公司治理数据库，公司营收计划数据为手工收集整理。

公司营收计划披露于其报告期年度报告中的"管理层讨论与分析"部分，从样本年度分布上看，自愿披露的公司数目有一定的差异，其中 2008 年和 2010 年年度报告中披露下一年度营收计划公司比率较高，分别占比 29.99% 和 32.03%，而 2009 年年度报告中披露比率相对低一些，这说明，在上市公司披露实践中，对于营收计划的披露具有较大的自主性，这也为本章将营收计划披露行为界定为自愿披露提供了有力的支持。

样本公司按照年度和行业①的分布情况如表 4.1 所示。从表 4.1

---

① 按照中国证监会《上市公司行业分类指引》的一级行业划分，对制造业按照研究惯例细分至二级分类。具体情况如下：A：农、林、牧、渔业；B：采掘业；C0：食品饮料；C1：纺织、服装、皮毛；C2：木材、家具；C3：造纸、印刷；C4：石油、化学、塑胶、塑料；C5：电子；C6：金属、非金属；C7：机械设备仪表；C8：医药、生物制品；C9：其他制造业；D：电力煤气及水的生产和供应业；E：建筑业；F：交通运输仓储业；G：信息技术业；H：批发和零售贸易；J：房地产业；K：社会服务业；L：传播与文化产业；M：综合类。

可以看出，营收计划披露数占比在各行业中分布不均，2008 年披露占比最少的行业是农、林、牧、渔业，仅有 6.45% 的公司披露了 2009 年营收计划，披露占比最多的是交通运输仓储业，有 50.85% 的公司披露了 2009 年营收计划。在 2009 年年度报告中，其他制造业披露占比最少，而建筑业披露占比最多。2010 年披露公司占行业公司总数比重最多的行业与 2009 年相同，而披露占比最少的行业与 2008 年相同。这些差异表明，我国上市公司自愿披露具有行业聚集特征，本章在模型设计中控制了行业因素。此外，2008 ~ 2010 年自愿披露营收计划的样本公司占比分别为 29.97%、21.07% 和 32.03%，样本公司的年度分布也不平衡，为此，在模型设计时控制了年度变量。

表 4.1 样本公司行业分布

年度 行业	2008 年		2009 年		2010 年		年度 行业	2008 年		2009 年		2010 年	
	全体	披露	全体	披露	全体	披露		全体	披露	全体	披露	全体	披露
A	31	2	33	3	44	6	C9	14	2	17	1	22	4
B	40	14	42	12	48	22	D	65	17	70	12	72	23
C0	66	22	71	19	82	26	E	31	11	36	14	40	21
C1	56	12	60	15	67	21	F	59	30	64	21	69	32
C2	8	3	9	2	9	3	G	89	16	112	14	157	31
C3	30	11	36	9	39	17	H	99	26	104	24	111	40
C4	167	58	174	34	213	71	J	117	21	120	20	117	26
C5	78	20	85	16	120	27	K	45	11	51	6	62	18
C6	128	54	138	31	167	66	L	13	4	15	4	21	6
C7	240	86	278	76	366	141	M	56	12	56	7	57	14
C8	102	28	114	16	131	30	合计	1534	460	1685	355	2014	645

本章的数据整理及统计分析软件为 SAS 9.1.3 版本。

二、模型设计

为了检验本章的三个假说，本章构建如下模型：

$$Ln\left(\frac{P_{disc}}{1 - P_{disc}}\right) = \beta_0 + \beta_1 Age_{i,t} + \beta_2 Gender_{i,t} + \beta_3 Exp_{i,t}$$

$$+ \sum_i^n \gamma_i Control_{i,t} + \varepsilon_{i,t}$$

$$(4-1)$$

$$Ln\left(\frac{P_{disc}}{1 - P_{disc}}\right) = \beta_0 + \beta_1 Age_{i,t} + \beta_2 Gender_{i,t} + \beta_3 Turn_{i,t}$$

$$+ \sum_i^n \gamma_i Control_{i,t} + \varepsilon_{i,t}$$

$$(4-2)$$

其中，P_{disc} 代表了公司在年度报告中披露其下一年度营收计划的概率。我国的营收计划具体分布在年度报告的董事会报告部分，董事长对于营收计划的披露具有直接责任和决定权，为此，本章将公司董事长的年龄和性别作为高管特征的替代变量。Ang 等（2000）用了经营费用占销售额的比例和资产周转率来衡量公司的代理成本，罗炜和朱春艳（2010）以及李寿喜（2007）也用了同样的方法，为此，本章对代理成本的衡量也采用了管理费用率和总资产周转率两个指标，公司管理费用率 Exp 越高、总资产周转率 Turn 越低，公司的代理成本越大。

模型中 $Age_{i,t}$ 为公司 i 第 t 年年末在任董事长的年龄；$Gender_{i,t}$ 为公司 i 第 t 年年末在任董事长的性别，男性为 1，女性为 0；$Exp_{i,t}$ 为公司 i 第 t 年的管理费用占销售收入的比率、$Turn_{i,t}$ 为公司 i 第 t 年的总资产周转率。

基于罗炜和朱春艳（2010）以及张然和张鹏（2011）等的研究，我们在模型中控制了公司的实际控制人性质 State 和表示公司在营收计划披露后是否有融资行为（主要包括股票增发、配股以及银行贷款）的变量 Finance。既有研究发现公司治理与公司自愿性信息披露相关。Ajinkya 等（2005）发现更多的独立董事以及更高的机构投资者持股比例的公司更有可能披露业绩预测，El-Gazzar（1998）也发现机构投资者会带来较高的自愿披露水平，但是，Schadewitz和Blevins（1998）则认为机构投资者会降低公司自愿披露的水平。Ruland和Tung（1990）发现外部人的持股比例越高，公司越倾向于自愿披露信息。此外，Mitchell等（1995）发现所有权的分散程度越高，信息的披露水平越高。为此，模型中控制了如下变量：Z_index，公司第一大股东持股比例/第二大股东持股比例；H_10，股权集中度指标，以公司前十大股东持股比例平方和表示；Ddbl，公司独立董事占董事会比例；以及机构投资者持股比例Inst。

董事长和总经理两职合一会使股东对管理者监管变弱，从而降低公司自愿性信息披露（Haniffa and Cooke，2002；Forker，1992）。为此，模型中控制了董事长和总经理两职合一变量Dual，如果报告期董事长和总经理由一个人担任取值为1，否则为0。基于管理层能力信号显示假说，管理者发送信号以显示自己的能力而倾向于更多地进行自愿披露（Trueman，1986）。如果公司报告期发生高管变更，则公司管理层为了显示自己的能力而更有可能披露营收计划，为此，模型中控制了报告期高管变更变量Change。

基于专有化成本假说，管理者基于自愿性信息披露可能会削弱公司竞争力的认知而减少自愿性信息披露（Verrecchia，1983；Darrough and Stoughton，1990；Wagenhofer，1990；Feltham and Xie，1992；Newman and Sansing，1993；Darrough，1993；Gigler，1994），为此，模型中加入了表示公司专有化成本的代理变量——行业竞争程度Hhi。Hhi是赫芬达尔—赫希曼指数，用来衡量行业竞争的程度，一般认为，行业竞争程度越大，行业内公司的专有成本越小。

此外，公司规模越大自愿披露程度越高（Lang and Lundholm，1993）；公司负债水平越高更倾向于自愿信息披露（Barako et al.，2006）；公司业绩越好越倾向于自愿披露（Singhvi and Desai，1971）；国际四大审计的公司比非国际四大审计的公司更有可能自愿披露

（Xiao et al.，2004）；交叉上市公司更有可能自愿披露（乔旭东，2003；张宗新等，2005；方红星等，2009）。为此，模型中控制公司规模 Size、负债水平 Lev、总资产收益率 Roa、是否四大审计 Big4 以及是否交叉上市公司 Cross。

模型中涉及的变量计算说明如表 4.2 所示。

表 4.2　　　　　　　　　　　变量定义

变量名称	变量定义和算法
P_{disc}	衡量公司在报告期年度报告中披露了下一年度营收计划的概率
Age	报告期公司在任董事长的年龄
Gender	报告期公司在任董事长的性别，男性取值为 1，女性取值为 0
Exp	报告期公司管理费用占销售额的比率
Turn	报告期公司总资产周转率
State	政府控制公司变量，按照公司实际控制人区分，如果实际控制人为国资部门、国有独资公司以及国有控股公司时，取值为 1，表明为政府控制公司；其余为非政府控制公司，取值为 0
Finance	公司在报告期年度报告披露后的一个年度是否有融资行为，包括银行借款、增发或配股三类融资行为，如果公司有任何一项则取值为 1，否则为 0
Size	公司规模，公司报告期上年度末总资产的自然对数
Roa	报告期公司总资产收益率
Lev	报告期公司的资产负债率
Hhi	行业竞争指数，$hhi = \sum Si^2$，其中 Si 为第 i 家公司销售额在某一行业中所占的份额，用来表示公司的专有成本
Big4	报告期公司审计师为国际四大会计事务所时，取值为 1，否则为 0
Cross	报告期公司同时境内外上市取 1，否则为 0
Change	报告期董事长或总经理有非正常离职时取 1，否则取 0
Dual	报告期公司董事长和总经理由同一个人担任时取值为 1，否则为 0
Inst	报告期期末机构投资者持股比例
Z_index	报告期期末公司第一大股东持股比例/第二大股东持股比例
H_10	报告期期末股权集中度指标，公司前十大股东持股比例平方和
Ddbl	报告期公司独立董事占董事会比例
Year	年度控制变量
Industry	行业控制变量

第四节　实证检验结果及分析

一、描述性统计分析

表 4.3 为主要变量的描述性统计分析，可以看出，Pdisc 的均值约为 0.279，也就是说，自愿披露营收计划公司数占总样本公司数比例为 27.9%，三个披露年度平均每四家公司有一家公司自愿披露了营收计划，这一特征从 Pdisc 的 75% 分位分布也得到印证。代理成本变量 Exp 均值为 0.1046，而最小值为 1.03%，最大值为销售收入的 1.2819 倍，说明我国上市公司代理成本差异较大。代理成本的另一个表征变量 Turn 从百分位分布可以看出，各公司间差异也很大。上市公司董事长年龄平均为 50.60 岁，最小的 26 岁，而年龄最大的有 84 岁，差异也较大。董事长性别 Gender 均值为 95.89%，说明绝大多数公司的董事长为男性，女性在样本公司中占比不多。从 State 的均值为 0.5339 可以看出，样本总体中政府控制公司占比为 53.39%。从融资变量 Finance 的均值可以看出，大约有 37.34% 的公司在年度报告后的一个年度中有融资行为。样本中有 5.62% 的样本公司为国际四大会计师事务所审计，有 7.85% 的样本公司为交叉上市公司，并且有 23.87% 的样本公司有董事长或者总经理变更行为。从公司治理变量来看，样本公司机构投资者平均持股比例为 16.34%，独立董事占董事会比例平均约为 37.72%，有大约 13.72% 的公司为董事长和总经理两职合一，前十大股东持股比例平方和均值约为 17.65%，第一大股东持股比例与第二大股东持股比例的比值平均为 15.3531，股权集中度仍然较高，股权制衡作用有限，股权结构仍存在"一股独大"现象。

表 4.3 变量描述性统计

	平均值	标准差	最小值	25% 分位	中位数	75% 分位	最大值
P_{disc}	0.2790	0.4485	0.0000	0.0000	0.0000	1.0000	1.0000
Exp	0.1046	0.1511	0.0103	0.0429	0.0711	0.1112	1.2819
Turn	0.7379	0.5124	0.0415	0.3874	0.6309	0.9355	2.7644
Age	50.5969	6.9871	26.0000	46.0000	50.0000	55.0000	84.0000
Gender	0.9589	0.1985	0.0000	1.0000	1.0000	1.0000	1.0000
State	0.5339	0.4989	0.0000	0.0000	1.0000	1.0000	1.0000
Size	21.3395	1.3032	18.5568	20.4556	21.2302	22.0999	25.2212
Finance	0.3734	0.4838	0.0000	0.0000	0.0000	1.0000	1.0000
Roa	0.0462	0.0749	−0.2611	0.0143	0.0426	0.0817	0.2781
Lev	0.5013	0.2847	0.0413	0.3199	0.4893	0.6456	2.0030
Big4	0.0562	0.2303	0.0000	0.0000	0.0000	0.0000	1.0000
Hhi	0.0734	0.0691	0.0273	0.0335	0.0458	0.0813	0.3557
Cross	0.0785	0.2690	0.0000	0.0000	0.0000	0.0000	1.0000
Change	0.2387	0.4263	0.0000	0.0000	0.0000	0.0000	1.0000
Dual	0.1372	0.3441	0.0000	0.0000	0.0000	0.0000	1.0000
Ddbl	0.3772	0.0666	0.2500	0.3333	0.3636	0.4167	0.6000
Inst	0.1634	0.1751	0.0000	0.0249	0.1002	0.2476	0.7151
Z_index	15.3531	26.6979	1.0227	2.0202	4.8575	15.3860	161.6699
H_10	0.1765	0.1268	0.0123	0.0762	0.1458	0.2523	0.6072

二、相关性分析

表 4.4 为主要变量与自愿披露的相关性分析,从 Pearson 相关系数看,公司是否自愿披露营收计划与公司代理成本在 1% 的显著性水平上相关,公司管理费用率 Exp 越高、总资产周转率 Turn 越低,代理成本越大,公司越不倾向于自愿披露计划,与 H4 - 1 预期的符号相符。高管年龄与自愿披露在 1% 的显著性水平上正相关,说明高管年龄越大,越具有规避风险的偏好,倾向于自愿披露营收计划以规避

"不披露损失"这一风险。男性高管与自愿披露负相关，且在1%的显著性水平上显著，说明相对于男性高管，女性高管更倾向于自愿披露以规避"不披露损失"风险。此外，公司政府控制属性、公司规模、高管变更以及两职合一以及股权制衡度在1%的显著性水平上相关。从Spearman相关系数，高管特征以及代理成本与自愿披露的关系与Pearson相关系数结果一致，其他主要变量的相关性也没有明显改变。表4.4除Exp和Turn的Spearman相关系数大于0.5以外，其他均在0.5以下，为此，多元回归中我们将Exp和Turn分别放入模型，模型中多重共线性影响可以忽略。相关性分析基本上支持本章的假说，并且为H4-2和H4-3的关系提供了符号判断，但因为尚未控制其他变量的影响，故还需多元回归分析以得到更为稳健的证据。

三、多元回归分析

为了避免极端值的影响，按照研究惯例，我们对回归模型中的连续变量按照上下5%分位进行了Winsorizing处理。表4.5为模型的回归结果。从表4.5第一列可以看出，Age系数为0.0107，在5%的显著性水平上显著，说明在其他条件不变的情况下，年龄越大的董事长自愿披露的概率越大。Gender的系数为-0.3965，在5%的显著性水平上显著，董事长为男性的公司进行营收计划自愿披露的发生比约为女性董事长公司的$e^{-0.3965}$倍，也即0.6727倍。以三个年度样本中自愿披露平均频率27.90%（1460/5233）来测算，其他因素保持不变的情况下，男性董事长公司自愿披露的概率平均比女性董事长公司自愿披露的概率低7.98%。表4.5第二列为以管理费用率Exp来衡量公司的代理成本对营收计划自愿披露的影响，回归系数为-2.2575，在1%的显著性水平上显著，说明管理费用率越高，代理成本越高，管理层自愿披露营收计划的概率越低。第三列为模型1的回归结果，董事长年龄越大和董事长女性的公司，其进行自愿性披露的概率越

表 4.4

主要变量相关性分析

	P$_{disc}$	Exp	Turn	Age	Gender	State	Size	Dual	Z_index
P$_{disc}$	1	-0.0941***	0.0823***	0.0654***	-0.0236*	0.1191***	0.1271***	-0.0710***	0.0661***
Exp	-0.0960***	1	-0.5097***	-0.1213***	0.0236*	-0.1110***	-0.4051***	0.0924***	-0.1224***
Turn	0.0600***	-0.3378***	1	0.0776***	0.0043	0.0237*	0.0668***	-0.0224	0.0444***
Age	0.0615***	-0.1211***	0.0669***	1	0.0248*	0.1285***	0.2140***	-0.1202***	0.0194
Gender	-0.0236	0.0060	-0.0121	0.0337**	1	0.0594***	0.0313**	-0.0238*	-0.0073
State	0.1191***	-0.1123***	0.0346**	0.1067***	0.0594***	1	0.4078***	-0.2320***	0.2490***
Size	0.1108***	-0.2959***	0.0874***	0.2116***	0.0347**	0.4040***	1	-0.1938***	0.2329***
Dual	-0.0710***	0.0605***	-0.0265*	-0.1098***	-0.0238*	-0.2320***	-0.1938***	1	-0.0722***
Z_index	0.0545***	-0.0774***	0.0263*	-0.0041	0.0029	0.2172***	0.1720***	-0.0894***	1

注：左下方为 Pearson 相关系数矩阵，右上方为 Spearman 相关系数矩阵，*、**、*** 分别表示双尾显著性水平为 10%、5% 和 1%。

高，这说明，虽然年龄越大的高管以及女性高管具有风险规避的偏好，但是当面对"不披露损失"和"预测准确性损失"这两种风险权衡时，具有风险规避的高管选择规避"不披露损失"风险，说明在这些趋于风险规避的高管心目中，投资者对于披露与否的反应更大，而对于预测的准确与否次之。这一发现支持了 H4 - 2 和 H4 - 3，并提供了有意义的经验证据。公司管理费用率 Exp 系数为 - 2.1641，在 1% 的显著性水平上显著，以三个年度样本中自愿披露平均频率 27.90% （1460/5233） 来测算，在其他因素保持不变的情况下，公司代理成本每上升 1%，则公司进行自愿披露的概率降低 0.43%，这与罗炜和朱春艳（2010）研究发现一致。采用总资产周转率 Turn 作为公司代理成本的替代，研究结果类似，如表 4.5 第五列所示，总资产周转率 Turn 的系数为 0.1443，在 10% 的显著性水平上显著，以三个年度样本中自愿披露平均频率 27.90% （1460/5233） 来测算，在其他因素保持不变的情况下，公司总资产周转率每上升 1%，则公司进行自愿披露的概率提高 0.03%。不论采用管理费用率 Exp 还是总资产周转率 Turn 作为代理成本的替代，回归结果表明代理成本越高，公司进行自愿披露的概率越低，这支持了本章的 H4 - 1。

表 4.5　　　　　　　自愿披露营收计划 Logistic 模型回归结果

	董事长特征	代理成本为 Exp		代理成本为 Turn	
Intercept	- 4.7443 *** （ - 34.2098）	- 3.5307 *** （ - 17.0453）	- 3.5812 *** （ - 16.6491）	- 4.6040 *** （ - 33.9462）	- 4.6121 *** （ - 32.1622）
Age	0.0107 ** （5.035）		0.0103 ** （4.6102）		0.0106 ** （4.8809）
Gender	- 0.3965 ** （ - 6.5401）		- 0.3900 ** （ - 6.2982）		- 0.4000 *** （ - 6.6284）
Exp		- 2.2575 *** （11.3698）	- 2.1641 *** （10.3758）		
Turn				0.1474 * （2.9301）	0.1443 * （2.7902）
State	0.3880 *** （25.8732）	0.3861 *** （25.7281）	0.3909 *** （26.1768）	0.3778 *** （24.6849）	0.3826 *** （25.1236）

续表

	董事长特征	代理成本为 Exp		代理成本为 Turn	
Finance	−0.0649 (0.907)	−0.0858 (1.5831)	−0.0827 (1.4656)	−0.0697 (1.0492)	−0.0674 (0.9781)
Size	0.1621 *** (20.3212)	0.1264 *** (11.4103)	0.1206 *** (10.1459)	0.1619 *** (20.6757)	0.1544 *** (18.2887)
Roa	0.4989 (0.4988)	0.1975 (0.0744)	0.1306 (0.0323)	0.3107 (0.1811)	0.2326 (0.1006)
Lev	0.0448 (0.0542)	0.0085 (0.0019)	0.0293 (0.0225)	−0.0038 (0.0004)	0.0173 (0.0077)
Big4	−0.1685 (−1.1564)	−0.1383 (−0.7828)	−0.1585 (−1.0198)	−0.1460 (−0.8736)	−0.1664 (−1.1253)
Hhi	−1.3182 (−0.2143)	−1.3941 (−0.2377)	−1.5681 (−0.3005)	−1.1823 (−0.172)	−1.3509 (−0.2243)
Cross	−0.4567 *** (−11.0318)	−0.4226 *** (−9.4551)	−0.4314 *** (−9.765)	−0.4468 *** (−10.6587)	−0.4543 *** (−10.9145)
Change	−0.0672 (−0.7688)	−0.0601 (−0.6167)	−0.0469 (−0.3719)	−0.0755 (−0.9811)	−0.0615 (−0.642)
Dual	−0.2541 ** (−5.7915)	−0.2623 ** (−6.2095)	−0.2502 ** (−5.5997)	−0.2644 ** (−6.3211)	−0.2518 ** (−5.68)
Ddbl	−0.8048 (−1.9118)	−0.8013 (−1.8964)	−0.7757 (−1.7702)	−0.8034 (−1.9076)	−0.7783 (−1.7831)
Inst	−0.3645 * (−2.9478)	−0.3424 (−2.6052)	−0.3445 (−2.6263)	−0.3593 * (−2.871)	−0.3609 * (−2.884)
Z	0.0034 * (2.7912)	0.0035 * (2.9128)	0.0036 * (3.1095)	0.0033 (2.5894)	0.0034 * (2.7986)
H_10	−0.2921 (−0.7717)	−0.4062 (−1.4776)	−0.4313 (−1.6577)	−0.3140 (−0.8897)	−0.3458 (−1.0739)
Industry	Control	Control	Control	Control	Control
Year	Control	Control	Control	Control	Control
N	5222	5220	5209	5220	5209
LR chi2	347.68 ***	343.99 ***	354.53 ***	335.27 ***	346.70 ***
PseudoR²	9.28%	9.18%	9.47%	8.96%	9.27%
HL – Test①	9.4531 (0.3055)	8.4468 (0.3911)	13.0271 (0.1109)	7.2789 (0.5069)	10.1939 (0.2517)

注：*、**、***分别表示双尾显著性水平为10%、5%和1%。

---

①　王济川和郭志刚（2001）认为，当 Logistic 模型中有连续自变量时或协变类型的数目太多时，Hosmer – Lemesho 拟合优度指标是一个较为合适的模型拟合优度检验方法。为此，此处报告了此检验结果。一般认为此检验不显著时，说明模型对数据的拟合较好。

控制变量方面，公司实际控制人变量 State 和公司规模 Size 在 1% 的显著性水平上显著，这与罗炜和朱春艳（2010）研究结果一致。回归结果发现交叉上市公司 Cross 在 1% 的显著性水平对公司自愿披露影响显著，但与方红星等（2009）不同的是，交叉上市降低了公司营收计划自愿披露的概率，这可能是由于营收计划披露的性质有关，境外上市法律监管较为严格，预测性信息的发布具有比国内更大的诉讼风险，因此，业绩预测类信息交叉上市公司意愿较低。董事长和总经理两职合一变量 Dual 在 5% 水平上显著，说明公司两职合一降低了自愿性信息披露的概率。以最后一列为例，Dual 的系数为 −0.2518，以三个年度样本中自愿披露平均频率 27.90%（1460/5233）来测算，在其他因素保持不变的情况下，两职合一的公司进行自愿披露的概率比董事长和总经理分离的公司低 5.07%，这与 Haniffa 和 Cooke（2002）以及 Forker（1992）的结论一致。

四、分组回归分析

根据模型的回归结果，我们发现公司的政府控制属性 State 对于营收计划自愿披露有着显著的影响，李寿喜（2007）研究发现国有产权的代理成本明显高于个人产权，为此，本章按照公司最终控制人将公司分为政府控制和非政府控制，来研究两类公司下高管特征以及代理成本对自愿披露的影响。表 4.6 为进行了政府控制人区分的自愿披露营收计划 Logistic 模型分组回归结果，不论采取哪种代理成本衡量方法，都发现高管的风险规避偏好主要存在于非政府控制公司，高管趋于规避"不披露损失"风险主要存在于非政府控制公司，这说明与政府控制公司高管相比，非政府控制公司高管可能更在意投资者的反应。以管理费用率衡量的代理成本在两类公司都显著，政府控制公司组在 10% 的显著性水平上显著，非政府公司组在 1% 的显著性水平上显著。同样以总资产周转率 Turn 来衡量代理成本时，政府控制

表4.6　自愿披露营收计划 Logistic 模型分组回归结果

	代理成本为 Exp				代理成本为 Turn			
	State = 1		State = 0		State = 1		State = 0	
Intercept	-1.7352 (-2.2702)	-1.3843 (-1.3406)	-5.3016 *** (-14.2308)	-5.6614 *** (-15.596)	-2.4857 ** (-5.4384)	-2.1018 * (-3.5667)	-6.9279 *** (-28.6428)	-7.2308 *** (-29.9331)
Age		0.0028 (0.1615)		0.0192 *** (8.1507)		0.0028 (0.1553)		0.0198 *** (8.6849)
Gender		-0.5196 ** (-4.7075)		-0.3629 * (-2.9244)		-0.5275 ** (-4.8593)		-0.3765 * (-3.1477)
Exp	-1.5964 * (-3.0307)	-1.5448 * (-2.8274)	-3.3113 *** (-10.1498)	-3.1565 *** (-9.1195)				
Turn					0.0987 (0.7531)	0.1058 (0.8633)	0.2861 ** (4.2842)	0.2757 ** (3.9281)
Finance	-0.0553 (-0.3881)	-0.0514 (-0.3338)	-0.1228 (-1.2466)	-0.1208 (-1.1986)	-0.0491 (-0.3056)	-0.0452 (-0.258)	-0.0890 (-0.6628)	-0.0885 (-0.6501)
Size	0.0672 (1.7764)	0.0673 (1.7357)	0.1987 *** (10.7832)	0.1838 *** (9.0022)	0.0927 * (3.733)	0.0919 * (3.5691)	0.2494 *** (18.7892)	0.2320 *** (15.8073)
Roa	1.8578 * (3.4327)	1.9204 * (3.6467)	-1.2741 (-1.3458)	-1.4249 (-1.6553)	1.9627 * (3.7668)	2.0006 ** (3.8917)	-1.2875 (-1.3515)	-1.4440 (-1.6685)

续表

	代理成本为 Exp				代理成本为 Turn			
	State = 1		State = 0		State = 1		State = 0	
Lev	0.0510 (0.0349)	0.0705 (0.0663)	−0.2376 (−0.6532)	−0.2240 (−0.5708)	0.0692 (0.0635)	0.0833 (0.0914)	−0.3333 (−1.2572)	−0.3165 (−1.1101)
Big4	−0.1133 (−0.3947)	−0.1344 (−0.5494)	−0.2302 (−0.488)	−0.2678 (−0.6592)	−0.1216 (−0.4535)	−0.1439 (−0.6275)	−0.2190 (−0.4406)	−0.2568 (−0.6052)
Hhi	−1.8669 (−0.2563)	−2.0244 (−0.3007)	0.5976 (0.016)	0.3007 (0.004)	−1.7054 (−0.2142)	−1.8715 (−0.2574)	0.8268 (0.0309)	0.5940 (0.0159)
Cross	−0.4192*** (−7.1225)	−0.4235*** (−7.1975)	−0.3420 (−1.2872)	−0.3788 (−1.5663)	−0.4340*** (−7.6823)	−0.4371*** (−7.7112)	−0.3820 (−1.6295)	−0.4199 (−1.9515)
Change	−0.1119 (−1.4179)	−0.1157 (−1.4878)	−0.0537 (−0.1557)	−0.0216 (−0.0249)	−0.1211 (−1.6676)	−0.1246 (−1.7335)	−0.0795 (−0.3426)	−0.0457 (−0.1119)
Dual	−0.1306 (−0.5268)	−0.1443 (−0.6371)	−0.2948** (−4.9001)	−0.2558* (−3.6388)	−0.1330 (−0.5466)	−0.1467 (−0.6589)	−0.2994** (−5.0573)	−0.2584* (−3.7148)
Ddbl	−1.4913* (−3.4899)	−1.5391* (−3.7047)	0.3340 (0.1439)	0.4966 (0.3155)	−1.5028* (−3.5435)	−1.5518* (−3.7658)	0.3723 (0.179)	0.5347 (0.3663)
Inst	−0.6539** (−5.6429)	−0.6702** (−5.8942)	−0.0022 (−0.0000)	0.0181 (−0.0027)	−0.6605** (−5.7519)	−0.6757** (−5.9863)	−0.0313 (−0.0081)	−0.0105 (−0.0009)

续表

	代理成本为 Exp				代理成本为 Turm			
	State = 1		State = 0		State = 1		State = 0	
Z	0.0013 (0.2924)	0.0012 (0.2537)	0.0085 ** (4.2829)	0.0093 ** (5.0366)	0.0012 (0.2499)	0.0011 (0.2128)	0.0088 ** (4.5803)	0.0096 ** (5.3398)
H_10	-0.0392 (-0.0078)	-0.0086 (-0.0004)	-0.6951 (-1.6381)	-0.7469 (-1.8886)	-0.0078 (-0.0003)	0.0212 (-0.0023)	-0.5500 (-1.0345)	-0.6156 (-1.2933)
Industry	Control	Control	Control	Control	Control	Control	Control	Control
Year	Control	Control	Control	Control	Control	Control	Control	Control
N	2793	2787	2427	2422	2793	2787	2427	2422
LR chi2	9.47%	9.78%	9.82%	10.41%	9.37%	9.69%	9.45%	10.08%
PseudoR^2	196.85 ***	203.09 ***	161.14 ***	170.76 ***	194.53 ***	201.09 ***	154.87 ***	165.23 ***
HL – Test	3.4405 (0.9038)	6.9776 (0.5391)	3.4920 (0.8998)	8.5850 (0.3785)	10.5571 (0.2281)	8.1035 (0.4234)	7.3445 (0.5000)	6.6039 (0.5799)

注: *、**、***分别表示双尾显著性水平为 10%、5% 和 1%。

组的代理成本变量不再显著，虽然符号仍与假说一致，而在非政府控制公司组，总资产周转率 Turn 系数为 0.2757，在 5% 的显著性水平上显著。总体上，分组回归结果表明，前述的高管特征以及代理成本对自愿披露的影响在非政府控制组更为显著。

五、稳健性检验

为了使研究结果更为稳健，本章又进行了如下稳健性检验：

（1）按行业和年度对高管年龄 Age 变量分别进行了均值调整和中位数调整，回归结果如表 4.7 第 1 列和第 2 列所示，与表 4.5 的结果无明显差异。

（2）按行业和年度对管理费用率 Exp 变量分别进行了均值调整和中位数调整，回归结果如表 4.7 第 3 列和第 4 列所示，与表 4.5 的结果无显著性差异。

（3）对上述四种构造方法，进行回归，如表 4.7 第 5 列 ~ 第 8 列所示，与前述结果无明显差异。

（4）为避免极端值的影响，对连续性变量进行了上下 5% 的极值删除处理，回归结果与前述结果并无实质性差异。此外，对总资产周转率采用均值和中位数调整，与前述结果无明显差异。

表 4.7　　稳健性检验结果

	1	2	3	4	5	6	7	8
Intercept	-3.5498 *** (-23.1996)	-3.5434 *** (-23.1126)	-3.6902 *** (-25.5553)	-3.1683 *** (-17.8847)	-3.1823 *** (-18.0789)	-3.1763 *** (-18.0096)	-2.6834 *** (-12.244)	-2.6766 *** (-12.1805)
Age	0.0111 ** (5.1272)	0.0113 ** (5.3918)			0.0109 ** (5.0148)	0.0112 ** (5.2693)	0.0107 ** (4.7561)	0.0110 ** (5.0213)
Gender	-0.3923 ** (-6.4056)	-0.3926 ** (-6.4153)			-0.3920 ** (-6.3642)	-0.3923 ** (-6.3739)	-0.3879 ** (-6.2246)	-0.3883 ** (-6.2349)
Exp			-0.5233 ** (-6.1286)	-1.4087 *** (-13.1465)	-0.5132 ** (-5.855)	-0.5124 ** (-5.8376)	-1.3652 *** (-12.4672)	-1.3647 *** (-12.4622)
State	0.4099 *** (29.3616)	0.4097 *** (29.3352)	0.3994 *** (28.0212)	0.4005 *** (28.1764)	0.4049 *** (28.5899)	0.4048 *** (28.5655)	0.4058 *** (28.7245)	0.4057 *** (28.6976)
Finance	-0.0511 (-0.5681)	-0.0510 (-0.5665)	-0.0650 (-0.9224)	-0.0798 (-1.3814)	-0.0624 (-0.8462)	-0.0624 (-0.8441)	-0.0765 (-1.2664)	-0.0765 (-1.2641)
Size	0.1377 *** (18.1651)	0.1375 *** (18.1207)	0.1260 *** (14.9625)	0.1040 *** (9.7173)	0.1184 *** (12.857)	0.1183 *** (12.8244)	0.0973 *** (8.294)	0.0971 *** (8.2604)
Roa	0.2889 (0.3036)	0.2877 (0.3012)	0.2929 (0.3032)	0.1172 (0.0463)	0.2409 (0.2031)	0.2401 (0.2019)	0.0712 (0.0169)	0.0705 (0.0166)

续表

	1	2	3	4	5	6	7	8
Lev	-0.1055 (-0.5665)	-0.1050 (-0.5611)	-0.0510 (-0.125)	-0.0090 (-0.00367)	-0.0327 (-0.0508)	-0.0321 (-0.049)	0.0088 (0.0035)	0.0095 (0.004)
Big4	-0.1749 (-1.2081)	-0.1750 (-1.2091)	-0.1418 (-0.8001)	-0.1316 (-0.6893)	-0.1600 (-1.0103)	-0.1600 (-1.0113)	-0.1498 (-0.8848)	-0.1498 (-0.8855)
Hhi	-1.9814 (-0.623)	-2.0626 (-0.6747)	-2.6497 (-1.1006)	-2.0194 (-0.6447)	-2.7111 (-1.1495)	-2.7910 (-1.2176)	-2.1005 (-0.6962)	-2.1796 (-0.7492)
Cross	-0.4724*** (-11.6532)	-0.4724*** (-11.6515)	-0.4506*** (-10.6535)	-0.4328*** (-9.7955)	-0.4576*** (-10.887)	-0.4576*** (-10.8863)	-0.4409*** (-10.0755)	-0.4408*** (-10.0751)
Change	-0.0630 (-0.6742)	-0.0624 (-0.6609)	-0.0651 (-0.7256)	-0.0567 (-0.5495)	-0.0509 (-0.4376)	-0.0503 (-0.4275)	-0.0431 (-0.3129)	-0.0425 (-0.3039)
Dual	-0.2597** (-6.0452)	-0.2593** (-6.0277)	-0.2749** (-6.8251)	-0.2688** (-6.5137)	-0.2613** (-6.1100)	-0.2609** (-6.0932)	-0.2562** (-5.8637)	-0.2558** (-5.846)
Ddbl	-0.8321* (-2.7867)	-0.8325* (-2.7894)	-0.8132 (-2.6612)	-0.7956 (-2.5434)	-0.7854 (-2.471)	-0.7858 (-2.4732)	-0.7677 (-2.3565)	-0.7680 (-2.3583)
Inst	-0.3811* (-3.7978)	-0.3816* (-3.8062)	-0.3826* (-3.8407)	-0.3789* (-3.763)	-0.3839** (-3.8495)	-0.3844** (-3.8582)	-0.3805* (-3.7778)	-0.3809* (-3.7862)

续表

	1	2	3	4	5	6	7	8
Z	0.0018 (2.101)	0.0019 (2.1245)	0.0018 (1.9181)	0.0017 (1.8056)	0.0019 (2.1475)	0.0019 (2.1708)	0.0018 (2.0253)	0.0018 (2.0485)
H_10	-0.2468 (-0.709)	-0.2478 (-0.715)	-0.2645 (-0.8165)	-0.3142 (-1.149)	-0.2875 (-0.9602)	-0.2885 (-0.9666)	-0.3342 (-1.2943)	-0.3352 (-1.3023)
Industry	Control	Control	Control	Control	Control	Control	Control	Control
Year	Control	Control	Control	Control	Control	Control	Control	Control
N	5222	5222	5220	5220	5209	5209	5209	5209
LR chi2	9.18%	9.18%	8.94%	9.20%	9.24%	9.25%	9.49%	9.50%
Pseudo R^2	343.62 ***	343.88 ***	334.36 ***	344.77 ***	345.52 ***	345.78 ***	355.24 ***	355.51 ***
HL-Test	9.6986 (0.2868)	9.5962 (0.2945)	6.3325 (0.6100)	8.5262 (0.3838)	4.2598 (0.8330)	5.4457 (0.7091)	9.6074 (0.2937)	5.0403 (0.7533)

注：*、**、***分别表示双尾显著性水平为10%、5%和1%。

第五节　本章小结

本章基于高层梯队理论和代理理论，从董事长个人特征和代理成本两个视角对我国上市公司营收计划披露行为进行了理论分析和实证检验。基于 2008 ~ 2010 年三年的年报披露数据，研究发现，董事长个人特征和代理成本对公司营收计划披露有着显著的影响。基于管理层年龄越大和女性管理层所具有的风险规避特征，董事长年龄越大、董事长为女性的公司，更有为了规避"不披露损失"风险而进行自愿披露的动机。用管理费用率和总资产周转率两种方法来衡量公司股权代理成本，研究发现，代理成本越大的公司，其管理层并不以股东利益最大化为目标，更为关注自身私利，其营收计划披露的可能性越低。进一步按公司的实际控制人性质分组分析发现，公司董事长个人特征以及代理成本对营收计划披露的影响在非政府控制公司更为明显。此外，研究还发现公司规模，董事长和总经理两职合一以及交叉上市对公司营收计划披露也有显著影响。

我国上市公司营收
计划披露研究

Chapter 5

第五章　公司实际控制人与营收计划实现程度

本章基于我国上市公司数据，运用实证研究方法发现，公司收入操纵程度越大，公司营业收入计划实现程度越高。相对于实际控制人为非政府控制的公司，实际控制人为政府控制公司的收入操纵程度对营业收入计划实现程度的影响更大。此外，所处行业营业收入平均增长水平越高、第一大股东持股比例越高以及当期有兼并重组事项的公司，其营收计划实现程度也越高。

第一节 引　言

营业收入这一企业财务指标在国民经济核算中具有重要地位。在国家统计局国民经济季度运行情况发布会、地方政府工作报告、地方政府经济规划以及财经媒体报道上，"规模以上工业企业"这一经济术语不时呈现，而纳入规模以上工业统计范围的起点就是企业的营业收入规模①。营业收入也是官方划分公司规模的重要依据，如大、中、小以及微型企业的划分。此外，公司规模越大就越容易建立政治联系，从而获取补贴收入（陈冬华，2003）、税收优惠（吴文锋等，2009）以及长期借款（肖作平和田小辉，2010）等。概括而言，公司规模越大，越容易取得地方政府认可、获取社会知名度以及构建政治联系，进而取得难以估量的潜在收益。事实上，公司高管的确把扩大企业规模作为自己的不懈追求。Jensen（1986）认为管理层基于最大化自身效用的考虑，为了扩大其管辖的"商业帝国"，通常不愿意向股东分配红利而热衷于扩大企业规模。那么，公司管理层在自愿披露了营业收入计划后，是否会通过营业收入操纵来迎合营业收入计划并尽可能多地实现营业收入增长呢？这是本章要研究的第一个问题。

---

① 国家统计局从 2011 年 1 月起提高工业、固定资产投资统计起点标准，其中纳入规模以上工业统计范围的工业企业起点标准从以前的年主营业务收入 500 万元提高到 2000 万元。

营业收入规模大的公司，除了对地方 GDP 的贡献外，由于其经济辐射能力强，对于增加地方就业水平、促进地方经济增长以及增加地方税收都具有重要作用，甚至还有利于提升所在地区的知名度，乃至成为地方政府政绩的形象代言人。由此，地方政府具有做大公司规模的强烈愿望。而相对于非政府控制公司，地方政府对政府控制公司又具有较强的控制能力抑或干预能力（Sappington and Stiglitz，1987；Boycko et al.，1996）。那么，相对于非政府控制公司，政府控制公司在自愿披露了营业收入计划后，由于政府干预的影响，其是否更有可能为了实现并尽可能多地实现营业收入增长而进行收入操纵呢？这是本章要研究的第二个问题。

后面的结构安排如下：第二节为理论分析及假说发展；第三节详细介绍了数据来源、变量定义及其计算过程以及实证研究模型；第四节是实证结果分析，包括模型中主要变量的描述性统计分析、相关性分析、回归模型检验结果的分析和稳健性检验；最后是本章的小结。

第二节　理论分析与假说发展

公司营业收入的大小是判定公司规模的重要标准，而公司规模对公司经营以及投融资活动具有重要影响，如周勤等（2006）就发现公司规模越大，公司的资产负债率水平越高，也即企业获得的债务融资越多。根据《国家统计局关于印发统计上大中小微型企业划分办法的通知》（国统字〔2011〕75 号）规定，在所明确划分的 15 个行业中，企业规模的判断标准均有营业收入这一指标，更有甚者，第一产业的农、林、牧、渔业只有营业收入这一个指标。基于转轨经济国家的共同特征（Roland，2000），政府与市场在资源配置中共同发挥作用，公司与政府的政治联系的构建在转型经济中具有重要的作用。公司的政治联系能够带来政府的补贴收入，如陈冬华（2003）研究发现具有政府部门背景的董事对公司 IPO 次年补贴收入占利润总额比例具有显著的正方向的影响。公司的政治联系也会给公司带来税收优惠，如吴文锋等（2009）发现在税收负担较重的省市，高管具有政府背景的公司在所得税适用税率和实际所得税率上都显著低于高管没有政府背景的公司。而且，公司所在省市的企业税收负担越重，高管有政府背景的公司获取的税收优惠也越多。此外，公司的政治联系还会给企业带来更加便利的长期借款合同，如肖作平和田小辉（2010）发现，与不具有政府关系的公司相比，具有政府关系的公司更容易获得银行借款和更长期限的债务资金。规模较大的公司，相对于较小规模的公司，更容易构建政治联系以获得政治关系带来的潜在收益，因此，也更容易取得地方政府的认可和扶持。进而，我们可以合理推测，公司高管具有做大公司规模的动机。

既有研究表明，公司发布盈利预测信息会加大盈余管理行为发生的可能性，即发生迎合盈利预测的行为，上市公司管理层会借助盈余管理来使披露的会计盈余与先前的盈余预测保持一致（Ajinkya and Gift，1984；Cormier and Martinez，2006）。Cormier 和 Martinez（2006）实证检验了法国上市公司 IPO 时发布的盈利预测对下一年度盈余管理的影响，研究发现，在 IPO 下一年度自愿披露公司比非自愿披露公司实施了更多的盈余管理。Kasznik（1999）研究发现管理层会担心投资者采取法律行动或自身丧失准确预测能力的声誉而通过盈余管理来达到其预测的盈余。基于中国的制度背景，郭娜（2010）以 2007~2009 年沪深 A 股上市公司为研究对象研究了业绩预告误差与盈余管理的关系。研究发现，实际盈余低于业绩预告值的公司，其管理层更可能进行盈余管理使对外披露的会计盈余与之前披露的业绩预告值一致。

管理层营业收入计划披露也是公司管理层自愿性信息披露的一种，与管理层盈余预测会产生盈余管理问题相同，公司管理层也会存在通过收入操纵以达到营收计划的问题。而且，由于政府和公司管理层片面追求公司规模的扩大，收入操纵已不单单是满足营收计划的实现，而是实现程度多大的问题。假定公司存在营业收入操纵，由于公司最终对外披露的营业收入包括公司真实的营业收入和操纵的营业收入，则操纵的营业收入越大，公司对外披露的营业收入也越多，公司营收计划实现程度则越高。为此，我们提出本章第一个假说：

H5 -1：在其他条件不变的情况下，公司收入操纵程度越大，其营收计划的实现程度越高。

政府干预和市场机制的不完善是我国上市公司基本制度环境中最为典型的特征。虽然我国自 20 世纪 80 年代以来进行了以下放公司资产使用权和重新分配公司剩余索取权为核心的产权改革，但由于改革并不彻底，公司剩余控制权仍然掌握在政府特别是地方政府手中。我国上市公司的"一股独大"的股权结构和传统的人事管理制度也使大股东（特别是作为实际控制人的地方政府）完全有能力控制上市公司。如刘芍佳等（2003）应用终极产权论（the Principle of Ultimate Ownership）对中国上市公司的控股主体重新进行分类，结果发现，中国 84% 的上市公司最终仍由政府控制，而非政府控制上市公司的比例仅为 16%，上市公司的股本结构仍然是国家主导型。由于地方政府基于自身目标对公司的干预，导致了政府控制公司与非政府控制公司目标函数的不同，也导致了两类公司在经营、投资和融资行为上的差异。辛清泉等（2007）研究发现，当薪酬契约无法对经理的工作努力和经营才能作出补偿和激励时，地方政府控制的上市公司存在着因薪酬契约失效导致的投资过度现象。政府控制公司投资行为除了基于薪酬契约的原因外，还有为地方 GDP 增长而过度投资的情况。唐雪松等（2010）以上市公司 2000~2006 年数据为样本，研究发现，为了实现当地 GDP 增长，地方政府干预导致了地方国企过度投资。具体而言，在市场化进程越慢的地区或 GDP 增长相对业绩表现越差时，政府干预动机越强烈，使此地区国企过度投资问题越严重。此外，地方政府干预也导致政府控制企业更有可能多元化经营。陈信元和黄俊（2007）考察了转轨经济下政府干预与企业经营行为间的关系，研究发现政府直接控股的上市公司更易实行多元化经营。政府干预下的公司多元化经营，由于更多地出于政治目标和社会职能的考虑，降低了企业的绩效。政府干预也会影响政府控制企业的借款期限，杨孙蕾等（2011）就发现与非政府控制上市公司相比，政府控制上市公司更容易获得长期借款。

如前所述，大型企业由于其规模大、经济辐射能力强，对于增加地方就业水平、促进地方经济增长、提升所在地区的知名度以及增加地方税收都具有重要作用。因此，各级地方政府有强烈地做大做强地方企业规模的动机。如四川省人民政府 2010 年发布了《关于推进大企业大集团加快发展的意见》（以下简称《意见》），促进产业结构调整，带动全省经济又好又快发展。《意见》中指出发展目标就是力争到 2012 年，纳入四川省培育范围的营业收入超 800 亿元的企业达到 1~2 户，新增 500 亿元的企业 3 户，新增 100 亿元的企业 12 户，新增 50 亿元的企业 20 户。为了进一步落实意见精神，四川省政府 2011 年又发布了《四川省大企业大集团营业收入上台阶奖励办法》，对营业收入达到不同规模给予相对应的奖励。不仅是省级有扩大企业规模的需求，地市级也有强烈的动机，如江苏省徐州市 2011 年颁布了《关于培育营业收入千百亿工业企业（集团）的实施意见（试行）》，地方财政拿出专项资金来扶持地方企业扩大规模。有的地市甚至开始培育微小企业创规模，如宿迁市就出台措施，进一步加大对微小企业的培育力度，帮助更多的微小企业成长为规模企业，培植其工业经济的新增长源，加快推进新型工业化进程，大力实施"工业强市"发展战略。

地方政府虽然对地方企业规模扩大具有强烈的愿望，但是，由于企业所有制性质不同，地方政府对企业的干预程度和方式也有所不同。Sappington 和 Stiglitz（1987）从干预的成本角度进行了分析，研究认为，公有生产和私人生产的交易成本不同，政府对公有企业的生产安排进行直接干预的成本要小于对私有企业干预的成本。公有企业通常便于政府干预，而政府对私有企业的干预会更加困难。Boycko等（1996）做了更加具体化的分析，分析发现政府对公有企业的行政干预的可能性更大，因为出于政治原因操纵国有企业经营的政府官员得到了干预带来的全部收益，而几乎不用承担直接成本（如补贴支出）或间接成本（如无效率成本）。政府官员通过过度补贴私有企业使其服务于政治目标比扭曲国有企业经营达到政治目标要更加透明、更加困难。此外，地方企业也有做大规模的强烈动机。尽管在金融危机期间公司大多把现金流和利润作为重中之重，但规模扩张始终是公司高管的不懈追求，特别是基于业绩考评以及公司高管的政治晋升需要，政府控制公司的规模扩张冲动更为突出。因此，地方政府做大企业规模的强烈冲动与更容易受其影响的政府控制公司之间形成了一条利益共同链。基于此，我们提出本章第二个假说：

H5 - 2：在其他条件不变的情况下，相对于非政府控制公司，政府控制公司收入操纵程度对营收计划实现程度的影响更大。

以下结合我国上市公司数据，对前述两个假说进行检验。

第三节　研究设计

一、数据来源

为了研究上市公司营收计划的实现程度是否受管理层收入操纵的影响，本章选取了在 2008 年年度报告中披露了下一年度（即 2009年）营业收入计划的 480 个观测值，以及在 2009 年年度报告中披露了下一年度营业收入计划的 365 个观测值，共计 845 个公司年度观测值作为原始样本。根据研究需要做了如下的剔除：

（1）剔除了金融类上市公司；

（2）剔除研究设计中财务指标数据缺失的公司；

（3）剔除披露营收计划后终止上市以及被合并的公司；

（4）剔除最终控制人、大股东持股比例等变量原始数据缺失的公司。

最终获取了 813 个有效公司年度观测值作为研究样本。

数据来源为：公司财务数据主要来自 Wind 中国金融数据库，高管变更数据来自 CSMAR 中国上市公司治理结构研究数据库，公司购并活动数据来自 CSMAR 中国上市公司并购重组研究数据库，营收计划数据来自 RESSET 金融研究数据库和手工收集整理。公司实际控制人数据以及大股东持股比例数据来自 CCER 经济金融研究数据库。

如表 5.1 所示，从样本的年度分布来看，2009 年和 2010 年分别有 462 个和 351 个观测值，样本数量在年度间有一定的差异。从样本的行业分布来看，C0 到 C9 占据绝大部分，大致符合我国上市公司中制造业占绝对多数的行业分布规律，行业分布不甚均匀。因此，本章在模型设计中控制了年度和行业因素。

表 5.1　　　　　　　　　　**样本公司年度和行业分布表**

行业①	2009 年度	2010 年度	行业	2009 年度	2010 年度
A	2	3	C9	2	1
B	14	12	D	17	12
C0	22	19	E	12	14
C1	12	15	F	29	20
C2	3	0	G	16	11

---

① 行业划分按照中国证监会《上市公司行业分类指引》的一级代码，但对于制造业，按照研究惯例细分至二级代码，样本所处行业共涉及 21 个。各代码含义如下：A：农、林、牧、渔业；B：采掘业；C0：食品饮料；C1：纺织、服装、皮毛；C2：木材、家具；C3：造纸、印刷；C4：石油、化学、塑胶、塑料；C5：电子；C6：金属、非金属；C7：机械设备仪表；C8：医药、生物制品；C9：其他制造业；D：电力煤气及水的生产和供应业；E：建筑业；F：交通运输仓储业；G：信息技术业；H：批发和零售贸易；J：房地产业；K：社会服务业；L：传播与文化产业；M：综合类。

续表

行业	2009 年度	2010 年度	行业	2009 年度	2010 年度
C3	11	9	H	26	24
C4	58	34	J	21	20
C5	20	16	K	12	6
C6	54	31	L	4	4
C7	87	77	M	12	7
C8	28	16	合计	462	351

本章的数据整理及统计分析软件为 SAS 9.1.3 版本。

二、模型设计

为了检验第二部分提出的两个假说，本章构建如下模型：

$$
\begin{aligned}
\mathrm{Diff}_{i,t} = {} & \beta_0 + \beta_1 \mathrm{Mpt}_{i,t} + \beta_2 \mathrm{Zfkz}_{i,t} + \beta_3 \mathrm{Zfkz}_{i,t} * \mathrm{Mpt}_{i,t} + \beta_4 \mathrm{Inv}_{i,t-1} \\
& + \beta_5 \mathrm{Growth}_{i,t} + \beta_6 \mathrm{Lev}_{i,t} + \beta_7 \mathrm{Change}_{i,t} + \beta_8 \mathrm{First}_{i,t} \\
& + \beta_9 \mathrm{A\&M}_{i,t} + \beta_{10} \mathrm{Year} + \sum_{k=1}^{20} \gamma_k \mathrm{Industry} + \varepsilon_{i,t}
\end{aligned}
$$

$$(5-1)$$

因变量营收计划实现程度 $\mathrm{Diff}_{i,t}$ 为公司 i 在第 t 年年度报告披露的营业收入与第 t-1 年年度报告中披露的营业收入计划数的差额，并除以第 t-1 年期末公司总资产。自变量收入操纵程度 $\mathrm{Mpt}_{i,t}$ 以及存货规模 $\mathrm{Inv}_{i,t-1}$ 变量计算同样除以第 t-1 年期末公司总资产，以控制公司规模的影响。计算公式如下：

$$\mathrm{Diff}_{i,t} = \frac{\mathrm{Reported\ Revenue}_{i,t} - \mathrm{Planned\ Revenue}_{i,t}}{\mathrm{Total\ Assets}_{i,t-1}} \quad (5-2)$$

政府控制公司变量 Zfkz，按照公司实际控制人区分，如果实际控制人为国资部门、国有独资公司以及国有控股公司时，取值为 1，表明为政府控制公司；其余为非政府控制公司，取值为 0。

公司收入操纵程度变量 $Mpt_{i,t}$ 的度量，由于收入确认是公司管理层内部信息，外部难以获取足够的信息予以准确地度量。本章采用公司的盈余管理程度作为收入操纵程度的替代变量。夏立军（2003）基于中国的数据检验发现，在估计正常性应计利润时，采用线下项目前总应计利润作为因变量估计特征参数的方法优于采用包含线下项目的总应计利润作为因变量估计特征参数的方法，分行业估计行业特征参数的方法优于使用总体样本估计样本总体特征参数的方法，为此，我们采用分行业的线下项目前总应计利润作为因变量估计特征参数，并分别采用了截面基本 Jones 模型，截面修正 Jones 模型以及业绩调整模型（Kothari et al.，2005）来进行估计。估计时总应计的计算采用了现金流量表方法，也即以营业利润与经营活动现金净流量的差额来表示。从利润表的构成来看，营业利润主要由收入和成本费用所决定，由于收入和成本费用都存在应计问题，本章用盈余管理程度来替代收入操纵程度具有一定的合理性。

雷光勇和刘慧龙（2006）研究了上市公司配股时进行盈余管理程度的影响因素，结果发现，控股股东的持股比例越高，对上市公司的控制能力越强，上市公司正向操纵盈余的程度越大，负向操纵盈余的程度越小。可见，第一大股东持股比例直接决定了其对上市公司的控制力，基于大股东自身的声誉考虑或者大股东与地方政府间密切的关系，其对公司营业收入计划实现程度有较大的影响能力。基于此，本章也将第一大股东持股比例 $First_{i,t}$ 纳入模型。

唐雪松等（2010）发现，为了实现当地 GDP 增长，地方政府干预导致了地方政府控制公司过度投资。作为扩大投资乃至资本运作的重要手段，政府控制公司在当年的兼并与重组事项对公司的经营业绩有重大影响，特别是通过购并其他企业，使公司当年的营业收入获得大幅度增加，以扩大公司规模。为此，本章在模型设计中控制了公司当年的购并活动变量 $A\&M_{i,t}$，如果在营收计划实施年度有购并重组行为，取值为 1，否则为 0。

为了控制公司自身经营能力对营收计划实现的影响，本章控制了公司所处行业年度营业收入增长率平均值 $Growth_{i,t}$，由公司 i 所在行业第 t 年营业收入增长率平均值来表示，代表行业内公司正常的营业收入增长水平。我们也控制了可能影响公司营业收入计划实现程度的公司资产负债率 $Lev_{i,t}$、上一年度期末的存货规模 $Inv_{i,t-1}$ 以及公司上一年度是否发生高管变更 $Change_{i,t-1}$ 等因素。此外，我们还控制了年度和行业的影响。各变量定义及计算方法如表5.2所示。

表 5.2　　　　　　　　　　　　变量定义

变量名称	变量定义和算法
$Diff_{i,t}$	公司 i 在第 t 年年度报告披露的营业收入与第 t-1 年年度报告中披露的下一年度营业收入计划数的差额除以第 t-1 年期末公司 i 总资产
$Zfkz_{i,t}$	政府控制公司变量，按照公司 i 第 t 年实际控制人区分，如果实际控制人为国资部门、国有独资公司以及国有控股公司时，取值为1，表明为政府控制公司；否则取值为0，为非政府控制公司
$Mpt_{i,t}$	公司 i 第 t 年收入操纵程度，分别采用截面基本 Jones 模型、截面修正 Jones 模型以及业绩调整模型估计的盈余管理程度作为替代
$A\&M_{i,t}$	公司 i 在第 t 年度有并购重组行为，取值为1，否则为0
$Inv_{i,t-1}$	公司 i 第 t-1 期末存货账面价值除以公司 i 第 t-1 年期末总资产
$Growth_{i,t}$	公司 i 所在行业第 t 年营业收入增长率平均值
$First_{i,t}$	公司 i 第 t 年末第一大股东持股比例
$Lev_{i,t}$	公司 i 第 t 年末的资产负债率
$Change_{i,t-1}$	公司 i 第 t-1 年度如有董事长或总经理非正常离职，取值为1，否则为0
Year	年度控制变量，如 t 为2009年则取值为1，否则为0
Industry	行业控制变量

第四节　实证检验结果及分析

一、描述性统计分析

表5.3为主要变量的描述性统计结果。Diff 均值为0.0464，表明

样本公司年度报告中披露的收入平均高于计划收入 4.64%，中位数为 0.0201，表明绝大多数样本公司实现了营业收入计划，样本公司年度报告中披露的收入普遍高于计划收入。从政府控制公司变量 Zfkz 的均值可以看出，样本公司中政府控制公司占比为 68.14%，这从 Zfkz 的百分位分布也可以得到印证。Mpt（1）至 Mpt（3）分别为采用了截面基本 Jones 模型、截面修正 Jones 模型以及业绩调整模型估计的盈余管理水平，以表征公司收入操纵程度。A&M 均值为 0.3998，表明约有 40% 的样本公司在营收计划实施期进行了并购或者重组其他企业的活动，这些资本运作会扩大公司营业收入，对实现营收计划具有重要作用。Inv 均值为 0.1747，中位数为 0.1458，表明样本公司平均存货占总资产比率为 17.5%，1/4 公司占比在 22% 以上，说明样本公司的存货在资产总额中占有重要比重。从 Growth 均值可以看出，样本公司所涵盖的行业营业收入平均增长率为 17.14%，高于行业中值 14.92%，说明行业的增长水平分布不均，有一定的差异。样本公司第一大股东持股比平均为 37.96%，有 1/4 的公司第一大股东持股比例甚至高于 50%，这表明，虽然实施了股权分置改革，但我国上市公司仍存在严重的"一股独大"问题。样本公司资产负债率平均为 51.65%，高于 50% 的资产负债率临界点，平均而言，样本企业具有一定的财务风险，但由于行业性质不同，不同行业的资产负债率差异较大，还需具体分析。Change 均值为 0.1587，说明约有 15.87% 的样本公司在上一一年度董事长或总经理发生了变更。

表5.3 　　　　　　　　　　变量描述性统计

	平均值	标准差	最小值	25%分位	中位数	75%分位	最大值
Diff	0.0464	0.1948	−0.4579	−0.0479	0.0201	0.0946	0.8356
Zfkz	0.6814	0.4662	0.0000	0.0000	1.0000	1.0000	1.0000
Mpt（1）	0.0708	0.0718	0.0014	0.0215	0.0482	0.0927	0.3641
Mpt（2）	0.0710	0.0725	0.0012	0.0219	0.0483	0.0937	0.3808

续表

	平均值	标准差	最小值	25%分位	中位数	75%分位	最大值
Mpt（3）	0.0659	0.0659	0.0007	0.0213	0.0473	0.0885	0.3523
A&M	0.3998	0.4901	0.0000	0.0000	0.0000	1.0000	1.0000
Inv	0.1747	0.1455	0.0006	0.0733	0.1458	0.2232	0.7014
Growth	0.1714	0.1225	−0.0164	0.0773	0.1492	0.2973	0.4184
First	0.3796	0.1565	0.1000	0.2511	0.3725	0.5000	0.7600
Lev	0.5165	0.2155	0.0707	0.3637	0.5296	0.6545	1.2500
Change	0.1587	0.3656	0.0000	0.0000	0.0000	0.0000	1.0000

二、相关性分析

表 5.4 是主要变量间的相关系数矩阵。营收计划实现程度 Diff 和收入操纵程度 Mpt 有显著的正相关系数（在 1% 的显著性水平上 Pearson 系数为 0.1351，在 4% 的显著性水平上 Spearman 系数为 0.0734）。这表明样本公司营收计划实现程度与公司的收入操纵程度显著正相关，与本章 H5－1 预期的符号相符。Diff 和第一大股东持股比例 First 在 1% 的显著性水平上存在显著的相关系数（Pearson 系数和 Spearman 系数分别为 0.1672 和 0.1451）。此外，营收计划实现程度 Diff 和 A&M 以及 Growth 在 1% 的显著性水平上有显著的正相关关系。从自变量之间的相关系数看，除极个别系数外，其他变量相关系数均远小于 0.5，说明模型中的变量设定不存在严重的多重共线性。

表 5.4　　　　　　　　　　主要变量相关性分析

Variable	Diff	Mpt	A&M	Growth	Inv	First	Lev	Change
Diff	1	0.0734 (0.036)	0.0942 (0.007)	0.2271 (0.000)	−0.0083 (0.815)	0.1451 (0.000)	0.0182 (0.604)	−0.0826 (0.018)
Mpt	0.1351 (0.000)	1	0.0129 (0.714)	0.0137 (0.696)	0.1910 (0.000)	−0.0406 (0.248)	0.1033 (0.003)	0.0071 (0.839)

续表

Variable	Diff	Mpt	A&M	Growth	Inv	First	Lev	Change
A&M	0.0836 (0.017)	0.0386 (0.271)	1	0.0300 (0.393)	0.0497 (0.158)	−0.0305 (0.385)	0.1367 (0.000)	−0.0108 (0.759)
Growth	0.1592 (0.000)	0.0065 (0.852)	0.0314 (0.372)	1	0.0384 (0.275)	0.0300 (0.393)	−0.0278 (0.428)	−0.2901 (0.000)
Inv	0.0126 (0.720)	0.2551 (0.000)	0.0882 (0.012)	0.0897 (0.011)	1	−0.0045 (0.898)	0.2122 (0.000)	0.0312 (0.375)
First	0.1672 (0.000)	−0.0316 (0.368)	−0.0385 (0.273)	0.0303 (0.388)	−0.0109 (0.758)	1	−0.0072 (0.837)	0.0104 (0.766)
Lev	0.0380 (0.279)	0.1628 (0.000)	0.1341 (0.000)	−0.0313 (0.372)	0.2121 (0.000)	−0.0455 (0.195)	1	0.0807 (0.021)
Change	−0.0225 (0.521)	0.0519 (0.140)	−0.0108 (0.759)	−0.2974 (0.000)	0.0247 (0.482)	0.0010 (0.978)	0.1046 (0.003)	1

注：左下方为 Pearson 相关系数，右上方为 Spearman 相关系数；括号内为相关系数对应的 p 值。

三、多元回归分析

为了避免极端值的影响，按照研究惯例，我们对回归模型中的连续变量按照上下 1% 分位进行了 Winsorizing 处理①。表 5.5 为政府控制、收入操纵对营收计划实现程度影响的实证结果。Mpt（1）至 Mpt（3）分别为采用截面基本 Jones 模型、截面修正 Jones 模型以及业绩调整模型估计的盈余管理程度，以表征公司的收入操纵程度。前三列是以截面基本 Jones 模型估计的盈余管理程度来替代收入操纵程度变量 Mpt 的实证回归结果，从第一列 Mpt 的显著性水平来看，收入操纵程度 Mpt 对营收计划实现程度 Diff 在 1% 的显著性水平上有显著影响，这说明，公司收入操纵程度越大，公司的营收计划实现程度也越

---

① 按照没有进行 Winsorizing 处理的原始数据得到的回归结果与进行极值处理的结果无明显差异，说明回归结果受极端值的影响不大。

大，H5 - 1 得到实证支持。第二列加入政府控制公司变量 Zfkz，其在 1% 的显著性水平上对营收计划实现程度 Diff 有显著影响，这表明，相对于非政府控制公司，政府控制公司的营业收入实现程度更高。第三列放入了收入操纵程度 Mpt 和政府控制公司 Zfkz 的交乘项 Zfkz * Mpt，结果发现交乘项在 1% 的显著性水平上显著，这说明，相对于非政府控制公司，政府控制公司收入操纵程度对其营收计划的实现程度的影响更为显著，支持了本章的 H5 - 2。由于地方政府对政府控制公司的干预成本小于非政府控制企业（Sappington and Stiglitz, 1987），为了满足地方政府做大企业规模的强烈干预冲动以及政府控制企业管理层的自身利益诉求，政府控制公司更有可能通过收入操纵来实现营业收入的超计划增长。采用截面修正 Jones 模型以及业绩调整模型估计的盈余管理程度以表征公司的收入操纵程度，收入操纵程度以及政府控制公司的实证结果如表 5.5 第四列到第九列所示，结果与前述无显著差异，不再赘述。此外，公司发生的并购及重组事项 A&M、公司所处行业平均的营业收入增长水平 Growth 以及第一大股东持股比例 First 也对营业收入计划实现程度有显著的影响。

四、稳健性检验

虽然本章在回归分析中已经对收入操纵的估计量同时采用三种方法进行估计，并发现不同估计方法下的结果无实质性差异，但为了进一步保证实证结果的稳定性，本章做了如下的稳健性检验。

（1）改变对样本极值进行处理的范围。

本章对所有连续变量上下各 5% 的观测值进行极值处理，重新检验上述假说，结论没有改变。结果如表 5.6 前三列所示。

（2）对样本极值进行删除。

本章对所有连续变量上下各 1% 的观测值进行删除，重新检验上述假说，结论没有改变。结果如表 5.6 第四列到第七列所示。

表5.5 政府控制、收入操纵对营收计划实现程度影响的实证结果

	Mpt (1)			Mpt (2)			Mpt (3)		
	1	2	3	4	5	6	7	8	9
常数项	-0.1583*** (-2.7334)	-0.1731*** (-2.9817)	-0.1417** (-2.4425)	-0.1566** (-2.7044)	-0.1717*** (-2.9564)	-0.1426** (-2.4581)	-0.1637*** (-2.8341)	-0.1786*** (-3.0842)	-0.1451** (-2.518)
Mpt	0.3963*** (4.1561)	0.4184*** (4.3803)	-0.0272 (-0.1873)	0.3767*** (4.0264)	0.4005*** (4.2694)	-0.0227 (-0.1601)	0.4905*** (4.7398)	0.5127*** (4.9494)	-0.0135 (-0.0888)
Zfkz		0.0361** (2.3723)	-0.0228 (-1.0885)		0.0364** (2.3937)	-0.0209 (-1.0006)		0.0363** (2.3949)	-0.0309 (-1.4894)
Zfkz * Mpt			0.7532*** (4.0435)			0.724*** (3.9664)			0.9271*** (4.6659)
A&M	0.0313** (2.3069)	0.0323** (2.3919)	0.0322** (2.4074)	0.0313** (2.3054)	0.0323** (2.3911)	0.0322** (2.4049)	0.0313** (2.3161)	0.0324** (2.4022)	0.0336** (2.5288)
Growth	0.4428*** (3.575)	0.4468*** (3.6176)	0.4676*** (3.8197)	0.4409*** (3.5575)	0.4448*** (3.5996)	0.4671*** (3.8116)	0.4474*** (3.6241)	0.4517*** (3.6694)	0.4604*** (3.7893)
Inv	0.0044 (0.0716)	0.0100 (0.1618)	0.0210 (0.3436)	0.0054 (0.0866)	0.0109 (0.1758)	0.0211 (0.3445)	0.0004 (0.006)	0.0061 (0.0985)	0.0042 (0.0684)
First	0.1917*** (4.4104)	0.1719*** (3.8956)	0.1679*** (3.8407)	0.192*** (4.414)	0.172*** (3.8959)	0.1687*** (3.8548)	0.1878*** (4.3348)	0.1677*** (3.8115)	0.1709*** (3.9361)

续表

	Mpt (1)			Mpt (2)			Mpt (3)		
	1	2	3	4	5	6	7	8	9
Lev	-0.0052 (-0.1602)	-0.0210 (-0.6305)	-0.0247 (-0.748)	-0.0046 (-0.1395)	-0.0205 (-0.6166)	-0.0236 (-0.7166)	-0.0070 (-0.2142)	-0.0227 (-0.6852)	-0.0210 (-0.6405)
Change	0.0040 (0.208)	0.0010 (0.0525)	0.0044 (0.231)	0.0040 (0.2091)	0.0010 (0.0513)	0.0043 (0.2238)	0.0046 (0.2396)	0.0016 (0.0855)	0.0073 (0.3862)
行业	控制	控制	控制	控制	控制	控制	控制	控制	控制
年度	控制	控制	控制	控制	控制	控制	控制	控制	控制
样本数	813	813	813	813	813	813	813	813	813
R^2	14.49%	15.10%	16.84%	14.38%	15.00%	16.68%	15.04%	15.66%	17.95%
ADJ. R^2	11.44%	11.96%	13.65%	11.32%	11.85%	13.48%	12.01%	12.54%	14.80%
F值	4.7464***	4.8038***	5.2797***	4.703***	4.7658***	5.218***	4.9586***	5.0143***	5.7014***

注：括号内为回归系数对应的 t 值；***、**、* 分别表示 1%、5% 和 10% 的显著性水平。

（3）改变自变量的定义。

前面提到，由于本章的预测对象是营业收入，而不是净利润抑或营业利润，从而给营业收入操纵的衡量带来一定的困难。在尚无有效估计公司收入操纵的方法时，以盈余管理程度替代营业收入操纵程度具有一定的合理性，而且，Kasznik（1999）的研究也表明公司有为了达到管理层预测而进行盈余管理的行为。与 Dechow 等（1995）在构建修正 Jones 模型中的假定相同，我们将公司本期赊销而不是现金销售的新增收入视为管理层收入操纵的替代变量，即按照公司本期应收账款账面价值增加额替代公司的营业收入操纵程度。回归结果如表 5.6 最后一列所示，收入操纵程度 Mpt 与政府控制公司 Zfkz 的交乘项仍在 1% 的显著性水平上显著，结果未有明显改变。

表 5.6　　　　　　　　　　稳健性检验结果

	(1)			(2)			(3)
常数项	-0.1202 **	-0.1211 **	-0.1235 ***	-0.1328 **	-0.1332 **	-0.1333 **	-0.115 **
	(-2.5587)	(-2.5818)	(-2.6431)	(-2.3931)	(-2.4056)	(-2.4137)	(-2.0415)
Mpt	0.0476	0.061	0.0843	-0.1327	-0.1334	-0.19	0.0283
	(0.3397)	(0.4426)	(0.5345)	(-0.6953)	(-0.713)	(-0.9051)	(0.1438)
Zfkz	-0.0115	-0.0094	-0.0183	-0.0199	-0.0187	-0.0349	0.0166
	(-0.6537)	(-0.5318)	(-1.0271)	(-0.9242)	(-0.8691)	(-1.5929)	(1.0716)
Zfkz * Mpt	0.511 ***	0.4813 ***	0.6565 ***	0.6534 ***	0.6312 ***	0.9404 ***	1.1458 ***
	(2.883)	(2.7467)	(3.3057)	(2.7994)	(2.7418)	(3.6138)	(4.7292)
A&M	0.0253 **	0.0253 **	0.0263 **	0.0212 *	0.0212 *	0.0226 *	0.0225 *
	(2.4144)	(2.4114)	(2.5266)	(1.6681)	(1.6663)	(1.7887)	(1.7038)
Growth	0.4072 ***	0.4061 ***	0.4024 ***	0.5203 ***	0.5213 ***	0.5064 ***	0.4107 ***
	(4.0497)	(4.0346)	(4.0303)	(4.4478)	(4.4505)	(4.3573)	(3.4121)
Inv	-0.0091	-0.0087	-0.014	-0.0111	-0.0106	-0.0199	-0.0094
	(-0.1758)	(-0.1688)	(-0.2733)	(-0.1839)	(-0.1756)	(-0.3328)	(-0.1558)
First	0.1324 ***	0.1329 ***	0.1351 ***	0.148 ***	0.1486 ***	0.1528 ***	0.174 ***
	(3.685)	(3.6953)	(3.7826)	(3.4549)	(3.467)	(3.5876)	(4.0426)

	(1)			(2)			(3)
Lev	0.0059 (0.1992)	0.0063 (0.2132)	0.0044 (0.1494)	−0.0201 (−0.597)	−0.0191 (−0.567)	−0.0108 (−0.3219)	−0.009 (−0.2811)
Change	−0.0045 (−0.3053)	−0.0046 (−0.3121)	−0.0022 (−0.1496)	−0.0165 (−0.911)	−0.0165 (−0.9099)	−0.0142 (−0.7843)	−0.0071 (−0.3776)
行业	控制	控制	控制	控制	控制	控制	控制
年度	控制	控制	控制	控制	控制	控制	控制
样本数	813	813	813	718	718	718	813
R^2	16.20%	16.08%	17.25%	15.69%	15.55%	16.77%	19.66%
ADJ. R^2	12.98%	12.87%	14.07%	12.01%	11.86%	13.13%	16.58%
F 值	5.0386***	4.9963***	5.4321***	4.2618***	4.2169***	4.6138***	6.3788***

注：括号内为回归系数对应的 t 值；***、**、*分别表示1%、5%和10%的显著性水平。

第五节　本章小结

本章的实证检验结果表明，在其他条件不变的情况下，收入操纵程度和公司的实际控制人性质对管理层的营收计划实现程度有显著影响，公司收入操纵越严重，营收计划实现程度越高。进一步分析发现，政府控制公司的营业收入操纵水平对其营收计划实现程度的影响更大。此外，所处行业营业收入平均增长率越高、第一大股东持股比例越高以及当期有兼并重组事项的公司，其营收计划实现程度也越高。政府控制公司与政府存在着天然的联系，满足政府的经济以及政治需要是政府控制公司的重要任务，而由于政府控制公司管理层的任命与晋升决策权仍在较大程度上取决于政府，政府控制公司管理层也愿意满足政府的需要。政府对扩大公司规模的经济政治需求在一定程度上刺激着政府控制公司的经济行为，相对于非政府控制公司，政府控制公司更有动机去设法获取营业收入的超计划增长，实施跨越式的规模扩张路径选择。在转型经济中，政府能够主导重要资源的配置，进而对政府控制公司的行为施加重要影响，本章的研究结论丰富了现有文献对政府控制公司行为的认知。

第六章　政府干预水平与营收计划实现程度

第五章研究发现公司收入操纵水平对公司营收计划实现程度有显著影响,而且这种影响还因公司实际控制人性质不同而有所差异。由于政府控制公司的天然属性,其受地方政府影响更为显著,导致了政府控制公司的收入操纵水平与营收计划实现程度的相关性更为显著。但是,政府对企业的干预也受各地市场化进程水平不同的制约,虽然中国由政府计划方式配置资源转向主要通过市场机制配置资源的市场化改革已经取得了较大的成就,但是,由于各地在经济、社会、文化、人口、资源、政策与区域等方面的差异,各地市场化进程并不平衡(唐雪松等,2010)。那么,公司收入操纵对营收计划实现程度的影响是否受地方政府干预水平的影响呢?Sappington 和 Stiglitz(1987)、Boycko 等(1996)研究发现地方政府对政府控制公司又具有较强的控制能力抑或干预能力,那么,前述影响是否在政府控制公司更为显著呢?本章以我国资本市场数据对此进行检验。

第一节 引 言

在中国新兴加转轨经济制度背景下,存在着一些有别于传统市场经济而又独具特色的地方,其中自上而下的经济规划表现得尤为明显,如中央和地方政府的"五年规划"以及每年政府工作报告中的各项经济计划。在地方的经济规划和政府工作报告中,总存在着的一些经济计划,如地方的年度利税计划、工业产值计划、规模以上企业数量或地方 GDP 增长计划等。这些计划的编制以及执行常常需要当地公司的经营计划数据,特别是当地的大型公司,这种联系的建立,将地方政府与地方公司在经营计划层面紧密联系起来。随之而来的问题就是,政府的经济目标会不会对公司的经营战略产生影响。

营业收入在国民经济统计中占据重要地位,如在国家统计局国民经济季度运行情况发布会、地方政府工作报告、地方政府经济规划以及财经媒体报道上，"规模以上工业企业"这一经济术语不时呈现，而纳入规模以上工业统计范围的起点就是企业的营业收入规模。营业收入也是官方划分企业规模的重要依据，如大、中、小以及微型企业的划分。因此，基于以指标为导向的政绩观的需要，地方政府有着强烈地做大做强地方企业的动机。营业收入是企业重要的财务指标，其与地方政府的目标相挂钩，使前述的政府宏观经济导向与地方微观企业经营得以结合。本章研究的就是基于政府目标和企业目标的实现，企业是否会通过收入操纵以更多地实现营业收入增长，如果存在这种现象，那么，下一个问题就是，不同的地方政府干预企业的水平，对这种通过收入操纵来实现更多营业收入增长行为的影响是否有所不同？

与第五章相同，此处采用我国上市公司营收计划披露数据，来研究公司收入操纵水平对其营收计划实现程度的影响是否受公司所处政府干预水平展开分析。后面的结构安排如下：第二节为理论分析与假说发展；第三节详细介绍了数据来源、变量定义及其计算过程以及实证研究模型；第四节是实证结果分析，包括模型中主要变量的描述性统计分析、回归模型检验结果的分析和稳健性检验；最后是本章的小结。

第二节　理论分析与假说发展

我国自 20 世纪 80 年代初以改革开放为核心的经济体制改革，特别是其中的财政分权以及相应的以 GDP 为主的政绩考核和晋升机制，极大赋予了地方政府发展本地区经济和维护本地区社会稳定的动力（周黎安，2007）。而营业收入规模较大的公司，除了对地方 GDP 的贡献外，由于其经济辐射能力强，对于增加地方就业水平、促进地方经济增长以及增加地方税收都具有重要作用，甚至还有利于提升所在地区的知名度，乃至成为地方政府政绩的形象代言人。由此，地方政府具有做大公司规模的强烈愿望，这也成为地方政府干预微观经济的重要领域，如通过给当地主要企业下达或者协调年度经营目标以促使政府自身经济目标的实现。

就政府与企业的关系而言，Shleifer 和 Vishny（1994，1998）研究了政治家以及政府与企业的关系，认为政府对企业的干预有"扶持之手"和"掠夺之手"两种作用。潘红波等（2008）就以 2001～2005 年发生的地方国有上市公司收购非上市公司的事件为样本，研究了地方政府干预、政治关联对地方国有企业并购绩效的影响。研究发现地方政府干预对盈利样本公司的并购绩效有负面影响，而对亏损样本公司的并购绩效有正面影响。而出于自身的政策性负担或政治晋升目标，地方政府会损害或支持当地国有上市公司。潘红波等（2008）为政府"掠夺之手"和"扶持之手"理论在中国制度环境下的应用提供了经验证据。

政府"扶持之手"理论研究方面，林毅夫等（2004）发现社会主义经济中的国有企业一旦发生亏损，政府常常要追加投资、增加贷款、减少税收，并提供财政补贴，这种现象称为"预算软约束"，并认为这种现象是由政策性负担而不是由所有制归属导致的。也就是说，由于政府让企业承担了一些政策性负担，在信息不对称的情况下，政府无法对企业的营业性亏损和政策性亏损进行分辨，只好进行补贴，从而形成了"预算软约束"。孙铮等（2005）以我国上市公司1999～2003 年数据为样本实证分析了地区市场化程度对当地企业债务期限结构的影响。研究发现企业所在地的市场化程度越高，长期债务的比重越低。进一步分析发现，这些差异主要是政府对企业干预程度不同而造成的。根据这些联系，他们指出当司法体系不能保证长期债务契约得以有效执行时，"政府关系"是一种重要的替代机制，政府关系在这里成为政府"扶持之手"的一个表征变量。此外，地方政府还会通过财政行为以提升上市公司业绩，如陈晓和李静（2001）

发现，为了在资本市场中争夺资源，地方政府会积极参与上市公司的盈余管理。

"政府关系"能给企业带来扶持作用的同时又会带来政策性负担。在现实中，地方政府会给予当地大型企业以政治或者经济压力，促使其并购当地面临破产的企业，从而解决当地就业问题，帮助地方政府甩掉包袱，也即林毅夫等（2004）提出的政策性负担。如陈信元和黄俊（2007）对转轨经济下政府干预与企业经营行为间的关系进行了考察，研究发现政府直接控股的上市公司更易实行多元化经营，而且在政府干预经济越严重的地区，这种现象越为明显。政府干预下的公司多元化经营，由于更多地出于政治目标和社会职能的考虑，降低了企业的绩效。方军雄（2008）也研究了在存在地方政府干预的背景下，不同所有权性质与企业并购决策的关系。与陈信元和黄俊（2007）研究结论相似，其研究发现地方政府直接控制的企业更易实施本地并购、更多地实施无关的多元化并购，而中央政府控制的企业则可以突破地方政府设置的障碍，实现跨地区并购。此研究表明地方政府干预对企业的并购决策产生了影响。地方政府干预企业运营也会影响公司的银行债务以及资金侵占。高雷等（2006）检验了国家控制、政府干预、银行债务与资金侵占之间的关系。研究发现，政府干预主要加剧了国家控制的上市公司的控股股东对上市公司资金的侵占，只有当上市公司受国家控制且受政府干预多时，银行债务才显著地加剧了控股股东对上市公司的资金侵占。结果表明，在我国，国家控制及政府干预显著地加剧了控股股东与小股东及银行债权人之间的利益冲突。

政府也会为了实现其经济目标而干预企业经营，如唐雪松等（2010）研究了地方国企投资中政府干预的动因，他们发现，为了实现当地 GDP 增长，地方政府干预导致了地方国企过度投资。同样，基于就业、税收等公共目标，政府干预导致了国有上市公司的过度投资和多元化经营（张洪辉和王宗军，2010；陈信元和黄俊，2007）。

但是，政府干预企业也受各地市场化进程水平不同的制约。虽然中国由政府计划方式配置资源转向主要通过市场机制配置资源的市场化改革已经取得了较大的成就，但是，由于各地在经济、社会、文化、人口、资源、政策与区域等方面的差异，各地市场化进程并不平衡（唐雪松等，2010）。一般而言，市场化进程越慢的地区，其政府干预市场越多，政府越倾向于同企业保持密切关系，政府对地方企业经营行为的干预动机也越强烈。因此，政府干预越严重的地区，当地企业越有通过收入操纵以达到更大的营收计划实现程度的动机，其收入操纵规模对营收计划实现程度的影响越大。为此，我们提出本章的第一个假说：

H6 -1：在其他条件不变的情况下，政府干预越严重的地区，此地公司的收入操纵规模对营收计划实现程度的影响越大。

第五章研究了政府控制公司与非政府控制公司在营收计划实现程度上的不同，研究发现，公司利润操纵幅度越大，则营收计划实现程度越大，相对于非政府控制公司，政府控制公司的这一关系更为显著。Sappington 和 Stiglitz（1987）从干预的成本角度进行了分析，研究认为，公有生产和私人生产的交易成本不同，政府对公有企业的生产安排进行直接干预的成本要小于对私有企业干预的成本。公有企业通常便于政府干预，而政府对私有企业的干预会更加困难。Boycko等（1996）做了更加具体化的分析，发现政府对公有企业行政干预的可能性更大，因为出于政治原因操纵国有企业经营的政府官员得到了干预带来的全部收益，而几乎不用承担直接成本（如补贴支出）或间接成本（如无效率成本）。政府官员通过过度补贴私有企业使其服务于政治目标比扭曲国有企业经营达到政治目标要更加透明、更加困难。因此，我们认为，在政府干预环境较为严重的地区，此地的政府控制公司的利润操纵幅度与营收计划实现程度相关性更大。为此，我们提出如下假说：

H6 -2：在其他条件不变的情况下，相对于非政府控制公司，政府干预越严重的地区，此地政府控制公司的收入操纵规模对营收计划实现程度的影响更大。

以下结合我国上市公司数据，对上述假说进行检验。

第三节　研究设计

一、数据来源

样本选取与第五章相同，原始样本 845 个，根据研究需要进行了一些剔除，最终有 813 个研究样本。除公司购并活动数据来自 CS-MAR 中国上市公司并购重组研究数据库、政府干预数据取自樊纲等（2009）的中国市场化指数报告外，其他数据来源如第五章第三节所述。

样本的年度和行业分布如第五章表 5.1 所示，基于样本公司在行业和年度分布的不均衡，本章同样在模型中控制了行业和年度因素。

二、模型设计

为了检验第二部分提出的假说，本章构建如下模型：

$$
\begin{aligned}
\text{Diff}_{i,t} = \ & \beta_0 + \beta_1 \text{Mpt}_{i,t} + \beta_2 \text{Zfgy}_{i,t}(\text{Jc}_{i,t}) + \beta_3 \text{Zfgy}_{i,t}(\text{Jc}_{i,t}) \times \text{Mpt}_{i,t} \\
& + \beta_4 \text{In}\nu_{i,t-1} + \beta_5 \text{Growth}_{i,t} + \beta_6 \text{Le}\nu_{i,t} + \beta_7 \text{Change}_{i,t} \\
& + \beta_8 \text{First}_{i,t} + \beta_9 \text{A \& M}_{i,t} + \beta_{10} \text{Year} + \sum_{k=1}^{20} \gamma_k \text{Industry} + \varepsilon_{i,t}
\end{aligned}
$$

$$(6-1)$$

因变量营收计划实现程度 $\text{Diff}_{i,t}$ 为公司 i 在第 t 年年度报告披露的营业收入与第 t-1 年年度报告中披露的营业收入计划数的差额，并除以第 t-1 年期末公司总资产。自变量收入操纵程度 $\text{Mpt}_{i,t}$ 以及存货

规模 $Inv_{i,t-1}$ 变量计算同样除以第 $t-1$ 年期末公司总资产，以控制公司规模的影响。$Diff_{i,t}$ 的计算公式如下：

$$Diff_{i,t} = \frac{Reported\ Revenue_{i,t} - Planned\ Revenue_{i,t}}{Total\ Assets_{i,t-1}} \qquad (6-2)$$

政府干预变量 $Zfgy_{i,t}$ 的取值来自樊纲等（2009）中的"减少政府对企业的干预"这一分项指标，此指标越大表明政府干预越小。根据政府干预指数的大小将全国各区域划分为两类，我们把大于或者等于政府干预指数的中位数的地区设置为政府干预较轻的地区，把小于政府干预指数的中位数的地区定义为政府干预严重的地区。具体地，如果第 t 年公司 i 所在地的"减少政府对企业的干预"指标小于当年全国各地"减少政府对企业的干预"指标的中位数，则 $Zfgy_{i,t}$ 为 1，表明当地的政府干预较严重，否则为 0。同时，我们也采用了此地市场化指数作为政府干预环境的替代，一般认为市场化程度越高，此地政府与市场的关系越好，政府对企业的干预越少。具体地，如果第 t 年公司 i 所在地的市场化进程指数小于当年全国各地市场化进程指数的中位数，则 $Jc_{i,t}$ 为 1，表明当地的政府干预较严重，否则为 0。

公司收入操纵程度变量 $Mpt_{i,t}$ 的度量，与前面相同，此处采用公司的盈余管理程度作为收入操纵程度的替代变量。我们采用分行业的线下项目前总应计利润作为因变量估计特征参数，并分别采用了截面基本 Jones 模型，截面修正 Jones 模型以及业绩调整模型（Kothari et al.，2005）来进行估计。估计时总应计的计算采用了现金流量表方法，也即以营业利润与经营活动现金净流量的差额来表示。

第一大股东的持股比例直接决定了其对上市公司的控制力，基于大股东自身的声誉考虑或者大股东与地方政府间密切的关系，其对公司营业收入计划实现程度有较大的影响能力，为此，模型中控制了第一大股东持股比例 $First_{i,t}$。基于唐雪松等（2010）的研究，作为扩大投资乃至资本运作的重要手段，当地公司在当年的兼并与重组事项对公司的经营业绩有重大影响，特别是通过购并其他企业，使公司当年的营业收入获得大幅度增加，以扩大公司规模。为此，本章在模型设计中控制了公司当年的购并活动变量 $A\&M_{i,t}$，如果在营收计划实施年度有购并重组行为，取值为1，否则为0。为了控制公司正常经营能力对营收计划实现的影响，我们控制了公司所处行业年度营业收入增长率平均值 $Growth_{i,t}$，由公司 i 所在行业第 t 年营业收入增长率平均值来表示，代表行业内公司正常的营业收入增长水平。模型中还控制了可能影响公司营业收入计划实现程度的公司资产负债率 $Lev_{i,t}$ 和上一年度期末的存货规模 $Inv_{i,t-1}$，分别由公司 i 第 t 年末的资产负债率和公司 i 第 t-1 年期末存货账面价值除以公司 i 第 t-1 年期末总资产来表示。此外，模型控制了公司上一年度是否发生高管变更 $Change_{i,t-1}$，如公司 i 第 t-1 年度有董事长或总经理非正常离职，取值为1，否则为0。如前所述，模型还控制了年度和行业的影响。

第四节 实证检验结果及分析

一、描述性统计分析

表6.1为主要变量的描述性统计结果。Diff 均值为0.0464，表明样本公司年度报告中披露的收入平均高于计划收入4.64%，中位数为0.0201，表明大多数样本公司实现了营业收入计划，样本公司年度报告中披露的收入普遍高于计划收入。从政府干预变量 Zfgy 的均值可以看出，处在政府干预较严重地区的样本公司占比32.6%，从 Zfgy 的中位数可以得到印证，这跟我国上市公司主要处在经济发达地区有关，因为经济发达地区的政府干预水平通常低于其他地区。其他变量与表5.1相同，这里不再赘述。

表 6.1   变量描述性统计

	平均值	标准差	最小值	25% 分位	中位数	75% 分位	最大值
Diff	0.0464	0.1948	-0.4579	-0.0479	0.0201	0.0946	0.8356
Zfgy	0.3260	0.4690	0.0000	0.0000	0.0000	1.0000	1.0000
Zfkz	0.6814	0.4662	0.0000	0.0000	1.0000	1.0000	1.0000
Mpt（1）	0.0708	0.0718	0.0014	0.0215	0.0482	0.0927	0.3641
Mpt（2）	0.0710	0.0725	0.0012	0.0219	0.0483	0.0937	0.3808
Mpt（3）	0.0659	0.0659	0.0007	0.0213	0.0473	0.0885	0.3523
A&M	0.3998	0.4901	0.0000	0.0000	0.0000	1.0000	1.0000
Inv	0.1747	0.1455	0.0006	0.0733	0.1458	0.2232	0.7014
Growth	0.1714	0.1225	-0.0164	0.0773	0.1492	0.2973	0.4184
First	0.3796	0.1565	0.1000	0.2511	0.3725	0.5000	0.7600
Lev	0.5165	0.2155	0.0707	0.3637	0.5296	0.6545	1.2500
Change	0.1587	0.3656	0.0000	0.0000	0.0000	0.0000	1.0000

二、多元回归分析

表 6.2 为政府干预、收入操纵对营收计划实现程度影响的实证结果。Mpt（1）至 Mpt（3）分别为采用截面基本 Jones 模型、截面修正 Jones 模型以及业绩调整模型估计的盈余管理程度，以表征公司的收入操纵程度。第一列是以截面基本 Jones 模型估计的盈余管理程度来替代收入操纵规模变量 Mpt 的实证回归结果，从第一列 Mpt 的显著性水平来看，收入操纵规模 Mpt 对营收计划实现程度 Diff 在 10% 的显著性水平上有显著影响，这说明，公司收入操纵规模越大，公司的营收计划实现程度也越大，收入操纵规模 Mpt 和政府干预 Zfgy 的交乘项 Zfgy × Mpt，结果发现交乘项在 1% 的显著性水平上显著，这说明，相对于政府干预较弱地区的公司，政府干预较严重地区的公司其收入操纵规模对营收计划实现程度的影响更为显著，支持了本章的 H6 - 1。

表6.2　政府干预、收入操纵对营收计划实现程度影响的实证结果

	Mpt（1）		Mpt（2）		Mpt（3）	
	Zfgy	Jc	Zfgy	Jc	Zfgy	Jc
常数项	−0.2635* （−1.7742）	−0.2677* （−1.8277）	−0.2603* （−1.7621）	−0.2635* （−1.8155）	−0.2753* （−1.8687）	−0.2823* （−1.9588）
Mpt	0.5426* （1.9008）	0.5354** （2.079）	0.5429* （1.9207）	0.5355** （2.1165）	0.6220** （2.0894）	0.6613** （2.496）
Zfgy	−0.1371*** （−2.6426）		−0.1519*** （−2.96）		−0.1749*** （−3.3789）	
Zfgy×Mpt	2.0559*** （3.9345）		2.2505*** （4.4217）		2.7076*** （4.845）	
Jc		−0.2709*** （−4.5578）		−0.2948*** （−5.0603）		−0.3399*** （−5.7202）
Jc×Mpt		4.1685*** （6.3045）		4.5182*** （7.1147）		5.8781*** （7.9262）
A&M	0.0646* （1.8132）	0.0632* （1.8013）	0.0647* （1.824）	0.0628* （1.8047）	0.0645* （1.8261）	0.0624* （1.8117）
Growth	0.3639 （1.1162）	0.4272 （1.3288）	0.3495 （1.0771）	0.4158 （1.3049）	0.3713 （1.149）	0.4145 （1.3127）
Inv	0.3123* （1.9594）	0.3379** （2.1494）	0.3032* （1.9117）	0.3323** （2.1329）	0.2938* （1.8589）	0.3196** （2.0689）
First	0.2107* （1.8416）	0.2195* （1.9499）	0.2193* （1.9256）	0.2292** （2.0543）	0.2033* （1.794）	0.2178** （1.9699）
Lev	−0.0019 （−0.0337）	−0.0232 （−0.4228）	−0.0021 （−0.0371）	−0.0266 （−0.4877）	0.0087 （0.1579）	−0.0095 （−0.177）
Change	0.1350*** （2.6623）	0.1187** （2.3736）	0.1344*** （2.6626）	0.1158** （2.3362）	0.1332*** （2.6512）	0.1190** （2.4225）
行业	控制	控制	控制	控制	控制	控制
年度	控制	控制	控制	控制	控制	控制
样本数	813	813	813	813	813	813
R^2	11.54%	14.16%	12.40%	15.67%	13.10%	17.15%
ADJ. R^2	8.15%	10.86%	9.04%	12.44%	9.77%	13.97%
F值	3.4004***	4.2983***	3.6898***	4.8442***	3.9306***	5.3963***

　　注：括号内为回归系数对应的t值；***、**、*分别表示1%、5%和10%的显著性水平。

　　表6.2第二列为采用以市场化进程指数作为政府干预的替代变量，收入操纵规模Mpt对营收计划实现程度Diff在5%的显著性水平

上有显著影响,这说明,公司收入操纵规模越大,公司的营收计划实现程度也越大,收入操纵规模 Mpt 和政府干预 Jc 的交乘项 Jc × Mpt,结果发现交乘项在1%的显著性水平上显著,这说明,相对于政府干预较弱地区的公司,政府干预较严重地区的公司其收入操纵规模对营收计划实现程度的影响更为显著,也支持了本章的 H6 - 1。由于地方政府对当地企业的严重干预,为了满足地方政府做大企业规模的强烈干预冲动,当地公司更有可能通过收入操纵来实现营业收入的超计划增长。

采用其他两种收入操纵度量方法的实证结果基本相同,收入操纵对公司营收计划实现程度在10%和5%的显著性水平上显著,而且收入操纵规模 Mpt 和政府干预 Zfgy 的交乘项 Zfgy × Mpt 对营收计划实现程度的影响在1%的显著性水平上显著,均支持了本章的 H6 - 1,说明收入操纵越多,公司营收计划实现程度越高,而这种关系受到当地政府干预水平的影响,也即,政府干预越严重的地区,当地公司的收入操纵对其营收计划实现程度的影响越大。此外,公司发生的并购及重组事项 A&M、公司上年末的存货持有水平 Inv、第一大股东持股比例 First 以及公司高管的非正常变动 Change 对营业收入计划实现程度也有显著的影响。

三、进一步分析

前面分析了由于地方政府干预环境不同而导致收入操纵程度对公司营收计划实现水平的影响有所不同。而第五章的研究我们发现公司实际控制人性质对于收入操纵程度与营收计划实现程度之间的关系具有显著影响,那么,对于不同政府干预环境,实际控制人不同的公司其收入操纵与营收计划实现程度是否有所不同,为此,我们对前面的分析按照公司实际控制人进行分组。由于实际控制人为非政府控制公司样本量太小,模型回归没有通过显著性检验,这里只列示了政府控制类公司的回归结果。如表 6.3 所示，Mpt 均在 1% 的显著性水平上显著，而且收入操纵规模 Mpt 和政府干预 Zfgy 的交乘项 Zfgy×Mpt 对营收计划实现程度的影响在 1% 的显著性水平上显著，均支持了本章的 H6-1。Mpt 以及其与 Zfgy 的交乘项系数普遍大于前面混合回归，说明政府控制公司下政府干预对收入操纵与营收计划实现程度关系的影响更大。

表 6.3　　　　　　　　　　　政府控制公司的实证结果

	Mpt（1）	Mpt（2）	Mpt（3）
常数项	-0.3439* (-1.7131)	-0.3376* (-1.7022)	-0.3771* (-1.9179)
Mpt	1.2182*** (2.9791)	1.1901*** (2.9455)	1.3607*** (3.1244)
Zfgy	-0.2253*** (-3.4095)	-0.2489*** (-3.8464)	-0.2844*** (-4.3354)
Zfgy×Mpt	3.5212*** (4.9206)	3.8620*** (5.572)	4.4674*** (5.9341)
A&M	0.0829* (1.8385)	0.0819* (1.8374)	0.0869** (1.9653)
Growth	0.1984 (0.4692)	0.1800 (0.4307)	0.1953 (0.4716)
Inv	0.6208*** (2.8778)	0.6159*** (2.8901)	0.5665*** (2.665)
First	0.1968 (1.3671)	0.2097 (1.4746)	0.2010 (1.4292)
Lev	-0.0358 (-0.3124)	-0.0362 (-0.3193)	0.0028 (0.0245)
Change	0.1369** (2.1918)	0.1341** (2.1733)	0.1395** (2.2780)
行业	控制	控制	控制
年度	控制	控制	控制
样本数	554	554	554
R^2	20.72%	22.60%	23.83%
ADJ. R^2	16.17%	18.16%	19.46%
F 值	4.5549***	5.0897***	5.4549***

注：括号内为回归系数对应的 t 值；***、**、*分别表示 1%、5% 和 10% 的显著性水平。

四、稳健性检验

虽然本章在回归分析中已经对收入操纵的估计量同时采用三种方法进行估计，并发现不同估计方法下的结果无实质性差异，但为了进一步保证实证结果的稳定性，本章做了如下的稳健性检验：

首先，本章对政府干预变量 Zfgy 的衡量采用樊纲等（2009）中的"减少政府对企业的干预"这一分项指标的数值型数据，由于数值型数据的含义与我们二分变量定义不同，我们对此值取负号，这样如果数值越大表示当地政府干预越严重。改变了表6.2中所采用的二分变量的方法，并分别采用前述的收入操纵的三种方法带入模型（1），结果如表6.4前三类所示，Zfgy 和 Mpt 交互项均在1%的显著性水平上显著，与表6.2中的研究结果相一致，无明显差异。

表6.4　　　　　　　　　　稳健性检验结果

	Mpt（1）	Mpt（2）	Mpt（3）	Mpt（4）	Mpt（5）	Mpt（6）
常数项	−0.4780 *** (−2.9981)	−0.4957 *** (−3.1273)	−0.5394 *** (−3.4148)	−0.1651 (−1.2567)	−0.1585 * (−1.822)	−0.3222 (−1.5427)
Mpt	3.8367 *** (5.874)	4.1352 *** (6.5167)	5.0154 *** (7.2221)	1.6552 *** (4.4000)	0.4386 *** (23.3139)	−0.0289 (−1.0934)
Zfgy	−0.0243 *** (−3.4655)	−0.0265 *** (−3.8034)	−0.0300 *** (−4.3202)	−0.0539 (−1.5538)	−0.1599 *** (−5.3794)	0.0639 (1.1537)
Zfgy × Mpt	0.3204 *** (4.4701)	0.3489 *** (4.9829)	0.4265 *** (5.6594)	4.8391 *** (8.6536)	0.2131 *** (8.1579)	0.3019 *** (5.5527)
A&M	0.0648 * (1.8246)	0.0648 * (1.8337)	0.0640 * (1.8242)	0.0180 (0.5641)	0.0056 (0.2666)	0.0178 (0.3593)
Growth	0.3454 (1.0623)	0.3310 (1.0234)	0.3702 (1.1517)	0.2665 (0.9159)	0.5105 *** (2.6527)	0.7566 (1.5827)
Inv	0.3146 ** (1.9799)	0.3072 * (1.9436)	0.2841 * (1.8073)	0.1330 (0.9348)	−0.0916 (−0.9701)	0.4224 * (1.9594)
First	0.2052 * (1.797)	0.2136 * (1.8805)	0.1965 * (1.7427)	0.2124 ** (2.0877)	−0.1684 ** (−2.4814)	0.1457 (0.9104)
Lev	−0.0189 (−0.3402)	−0.0211 (−0.3818)	−0.0072 (−0.131)	0.0547 (1.1095)	−0.0240 (−0.7361)	0.0044 (0.0642)

	Mpt（1）	Mpt（2）	Mpt（3）	Mpt（4）	Mpt（5）	Mpt（6）
Change	0.1321 *** (2.6117)	0.1308 *** (2.6008)	0.1334 *** (2.6695)	0.1030 ** (2.2788)	0.0447 (1.4883)	0.1800 *** (2.8377)
行业	控制	控制	控制	控制	控制	控制
年度	控制	控制	控制	控制	控制	控制
样本数	813	813	813	813	813	567
R^2	12.08%	13.01%	14.07%	29.82%	69.18%	16.73%
ADJ. R^2	8.70%	9.68%	10.77%	27.12%	68.00%	12.06%
F 值	3.5806 ***	3.8996 ***	4.2664 ***	11.0735 ***	58.5044 ***	3.5884 ***

注：括号内为回归系数对应的 t 值；***、**、* 分别表示1%、5%和10%的显著性水平。

其次，本章试图采用其他衡量收入操纵的方法。如前所述，由于本章的预测对象是营业收入，而不是净利润抑或营业利润，从而给营业收入操纵的衡量带来一定的困难。在尚无有效估计公司收入操纵的方法时，以盈余管理程度替代营业收入操纵程度具有一定的合理性，而且，Kasznik（1999）的研究也表明公司有为了达到管理层预测而进行盈余管理的行为。采用的第一替代方法就是与 Dechow 等（1995）在构建修正 Jones 模型中的假定相同，我们将公司本期赊销而不是现金销售的新增收入视为管理层收入操纵的替代变量 Mpt（4），即按照公司本期应收账款账面价值增加额替代公司的营业收入操纵程度。采用的第二种替代方法就是将公司营业收入增长超过行业平均增长水平的部分视为收入操纵的替代变量 Mpt（5），即按照公司所在行业平均增长水平计算后的营业收入超额增长部分。黄世忠（2004）认为公司应收账款的增幅高于销售收入的增幅，可能表明公司存在着收入操纵的行为，为此本章第三种替代方法就是将一年期应收账款增长比例高于营业收入增长比例的部分作为公司收入操纵的表征变量 Mpt（6）。根据前述三种表征收入操纵变量的衡量方法，多元回归结果如表6.4第四至第六列所示，收入操纵程度 Mpt 与政府干预

Zfgy 的交乘项仍在 1% 的显著性水平上显著，结果未有明显改变。

第五节　本章小结

　　基于转型经济背景下的政府和市场共同配置资源的特征，政府对企业的干预无处不在，本章通过企业营业收入计划的实现程度这一视角，研究在不同的政府干预环境下，当地上市公司的收入操纵行为对其营收计划实现程度的影响。以沪深两市披露了 2009 年或 2010 年营业收入计划的 A 股上市公司为样本，研究发现：收入操纵越严重，公司的营收计划实现程度越大，而这种关系又受地方政府干预环境的显著影响，即相对于政府干预较弱地区的上市公司，政府干预较强地区的上市公司的收入操纵对营收计划实现程度的影响更大，进一步分析发现，上述影响主要存在于政府控制公司。

　　本章的研究表明，为了满足以指标为导向的政绩观的需要，地方政府有着强烈地做大做强地方企业的动机，由于政府控制着关键资源，企业也有通过收入操纵等手段使其营业收入得到跨越式增长的行为，进而支持地方政府实现其经济目标，不论这种支持是主动的还是被动的过程，而且这种支持在政府干预较严重的地区更为普遍。由于政府与政府控制企业天然的关系，政府对政府控制的干预更为容易，故而政府干预对公司营收计划实现程度的影响在政府控制公司更为显著。本章的研究为上市公司营收计划实现程度的影响因素提供了经验证据，丰富了既有的政企关系研究文献。

第七章　可比性与营收计划准确度

　　本章研究公司的会计信息可比性是否影响营收计划的准确度，并考察两者之间的关系在不同的内部信息环境和外部信息环境下是否存在差异。研究发现，可比性越高的公司，其营收计划准确度越高；可比性与营收计划准确度之间的正向关系在较好的内部信息环境或较好的外部信息环境下更显著。研究结果说明，会计信息可比性是影响公司营收计划准确度的一个重要因素，并且两者之间的正向关系还受公司内外部信息环境的影响，这为提高我国上市公司管理层业绩预测质量指明了方向。

第一节　引　言

　　管理层业绩预测是管理层在既有的公司内外部信息环境下，对公司、竞争对手以及行业发展趋势的分析，进而对公司未来一定期间的业绩进行预测的行为。既有研究发现管理层业绩预测具有显著的市场反应（Nagar et al.，2003），能够降低信息不对称程度和资本成本（Leuz and Verrecchia，2000；Coller and Yohn，1997），降低法律风险（Skinner，1994），影响分析师预测行为（Cotter et al.，2006；Wang，2007；王玉涛和王彦超，2012）。基于管理层业绩预测对降低信息不对称程度以及提高资本市场效率的重要作用，管理层业绩预测因而也受到了监管者、投资者和学术界的重视。然而，管理层业绩预测的经济后果内生于其预测质量（Hirst et al.，2008），特别是投资者能够事后证实的业绩预测准确度。既有研究发现，如果本次业绩预测的公司以前年度建立了较好的预测准确的名声，那么证券分析师因本次管理层业绩预测而做出的预测修正程度更大（Williams，1996）。显然，管理层业绩预测的准确度影响了业绩预测信息的决策有用性，进而影响了资本市场的效率。因此，管理层业绩预测的准确度可能比预测本身更为关键，有必要对管理层业绩预测准确度的影响机制展开研究。

但是，现有管理层业绩预测质量的影响因素研究主要从管理层动机的角度展开，如规避诉讼风险、获取内部交易收益等管理层动机，但对于管理层业绩预测时所需信息的质量及所在的信息环境方面关注不够。为推进这方面的研究，本章以上市公司下一年度营业收入计划作为业绩预测内容，从会计信息可比性的角度研究管理层营业收入计划的准确度问题。

姜国华（2008）认为，如果将财务报表分析定位于股票价值评估与投资决策，那么，财务报表分析第一个核心问题就是对企业未来盈利能力的预测，其中的结构化盈余预测方法将营业收入作为预测的起点。此外，财政部会同证监会、审计署、银监会、保监会制定的《企业内部控制应用指引第 15 号——全面预算》，确立了全面预算在企业内部控制中的重要地位，而传统教科书就将营业收入作为全面预算编制的起点。营业收入预测的基础是公司过去年度的营业收入，预测的核心是对未来营业收入增长率的预测。在判断收入未来发展趋势时，管理层还需要了解宏观经济信息、行业信息以及企业战略和经营信息（姜国华，2008）。因此，管理层在预测未来营业收入时，需要获取与预测密切相关的公司过去业绩情况以及行业发展信息，而这可能就需要公司的历史信息纵向可比与行业信息的横向可比，那么，公司可比性越高的公司，其营收计划的准确度是否也越高呢？公司内部信息环境以及公司外部信息环境是否会影响上述关系呢？本章试图解答上述问题。

本章的主要贡献体现在：第一，不同于以往大量集中于盈利预测以及业绩预告等类型的管理层业绩预测研究，我们考察了营收计划这一类型的管理层业绩预测，丰富了此领域的研究文献。第二，不同于以往文献侧重于管理层业绩预测的动机以及经济后果研究，我们回应了 Hirst 等（2008）的研究展望，研究了营收计划准确度的影响因素，丰富了管理层业绩预测特征研究。第三，我们将 De Franco 等（2011）的会计信息可比性度量方法应用于管理层业绩预测领域，从管理层业绩预测时所需信息质量的角度，分析了会计信息可比性影响营收计划准确度的机理，丰富了可比性的经济后果研究。第四，我们从公司内外部信息环境来考察可比性与营收计划准确度的关系，深化了我们对可比性影响营收计划准确度这一机理的理解。

后面的结构安排如下：第二节为理论分析与假说发展；第三节详细介绍了数据来源、变量定义及其计算过程以及实证研究模型；第四节是实证结果分析，包括模型中主要变量的描述性统计分析、回归模型检验结果的分析和稳健性检验；最后是本章的小结。

第二节　理论分析与假说发展

（一）可比性与营收计划准确度

国际会计准则理事会（IASB）和美国财务会计准则委员会（FASB）在 2010 年的联合概念框架中将可比性作为增进的财务信息质量特征之一，以增进财务信息的有用性，进而实现财务报告的目标（Barth，2013）。可比性使财务报表信息变得有用，是因为其可以使不同公司的相似信息进行比较，或者将同一公司不同时间的相似信息进行比较。可比的财务信息是财务报表分析的基础，能够促进资本市场上资源的有效配置，财务报表分析的教科书也无不强调公司会计信息可比性的重要性，以便采用财务比率来判断不同公司的业绩状况（Wang，2014）。我国 2006 年新企业会计准则强调了企业提供的会计信息应当具有纵向和横向的可比性，这有利于更好地体现财务信息在预测中的作用。在横向可比上，可比性使行业内其他公司的业务发展情况为公司未来业绩预测提供可比参考，当公司的可比性越高时，行业信息与此公司的关联度越大，管理层可以更有效地利用行业信息进行业绩预测，进而增加了管理层业绩预测的准确度。在纵向可比上，公司前后年度的会计数据可比性较高，则历史信息方可作用于现时的预测。因此，可比性越高的公司，越有利于管理层从内外部获取预测营业收入相关的信息，从而提高营收计划的准确度，也即发挥了可比性的信息捕获功能。据此，我们提出本章的第一个假设：

H7 -1：保持其他条件不变，可比性越高的公司，其营收计划的准确度也越高。

（二）　内部信息环境对可比性与营收计划准确度关系的影响

Dechow 等（2010）认为盈余质量越高的公司，越能为决策者提供更多关于某项决策所需要的财务业绩特征信息，盈余质量代表了公司的内部信息环境，盈余质量越高的公司，其会计信息的可靠性越强，能为决策者提供更多关于某项决策所需要的会计信息。这里的决策者并不仅指公司财务报告的外部使用者，也包括公司的管理层。既有研究发现公司财务报告质量的高低会影响管理层的投资决策（Biddle and Hilary, 2006；Bushman et al. , 2011），公司盈余管理越高的公司，也即盈余质量越低的公司，由于管理层可能存在的乐观倾向以及在决策时对盈余质量的忽视，其管理层并没有充分考虑到盈余管理问题，造成过度投资越严重，投资效率低下（McNichols and Stubben, 2008），说明较差的内部信息环境制约了管理层的投资决策效果。准确的营收计划体现了管理层的职业判断能力，依赖于可比的公司内外部信息，而较好的财务报告质量所体现的良好的内部信息环境，则为管理层收入预测提供了更多的富含可比性的"原材料"。此外，IASB和 FASB 的联合概念框架认为财务信息的可比性是基于财务信息基本质量特征（即如实反映和相关性）基础上的一个增进质量特征。因此，公司的盈余质量越高，其财务信息的如实反映程度越强，相应地，财务信息可比性也越强，进而提高营收计划的准确度。据此，我们提出本章的第二个假设：

H7 -2：保持其他条件不变的情况下，公司的内部信息环境越好，可比性与营收计划准确度之间的正相关关系越强。

（三）外部信息环境对可比性与营收计划准确度关系的影响

分析师预测是公司外部信息环境的重要组成部分，作为一种信息中介，更多的分析师在一定程度了丰富了企业的外部信息环境（辛清泉等，2014）。行业分析是卖方证券分析师收入的重要来源，按照行业进行划分，证券分析师基于自己对某一行业分析的专长来发布此行业内上市公司的业绩预测，从而为资本市场提供有用的信息（Kadan et al.，2012）。在我国资本界享有盛誉的新财富最佳分析师排名，就是分行业进行的排名，说明行业专长对证券分析师的重要性。具体到业绩预测领域，分析师比管理层具有的一大优势就是，他们具有较高的信息解读与预测能力，能够更有效地评估行业信息和宏观经济信息对企业竞争环境的影响。既有研究表明，分析师跟踪人数越多，上市公司的外部信息越丰富（Beyer et al.，2010；Lang and Lundholm，1996）。分析师跟踪人数越多的公司，有着更多的分析师业绩预测，判断公司以及行业整体发展趋势的预测信息也越丰富。丰富的外部信息环境，为公司管理层提供了权威的行业分析信息，但是这些行业分析信息能在多大程度上被管理层捕获进而改进或融入自己的业绩预测，取决于公司与行业内其他公司可比性的高低。因此，当公司处在较好的外部信息环境时，可比性的信息捕获功能可有更大程度上的发挥，进而强化了可比性与营收计划准确度之间的关系。据此，我们提出本章的第三个假设：

H7-3：保持其他条件不变的情况下，公司的外部信息环境越好，可比性与营收计划准确度之间的正相关关系越强。

第三节　研究设计

（一）数据来源

本章选取了 2006~2013 年在其年度报告中发布了下一年度营收

计划的沪深 A 股上市公司为初始研究样本，并根据研究需要作了样本剔除，具体的样本剔除过程如表 7.1 所示。最终获取了 2743 个有效观测值作为研究样本。营收计划数据为手工搜集整理，行业变更以及行业分类数据来自 RESSET 金融研究数据库，分析师跟踪数据、公司治理数据以及公司财务会计数据均来自 CSMAR 数据库。

表 7.1　　　　　　　研究样本的筛选过程

样本筛选过程	数量
Pannel A：营收计划样本量	
2006~2013 年度的 A 股公司营收计划原始样本	4069
减：金融行业上市公司样本	49
营收计划准确度计算缺失样本	108
最终营收计划准确度样本量	3912
Pannel B：回归分析样本量	
减：会计信息可比性缺失	1113
其他变量缺失	56
最终进入回归的样本量	2743

（二）可比性的度量

本章采用了 De Franco 等（2011）的方法来度量会计信息可比性。De Franco 等（2011）认为会计系统是将公司的交易或事项生成会计信息的转换过程，用函数形式表述如下：

$$\text{Financial Statement}_i = f_i(\text{Economic Events}_i) \qquad (7-1)$$

$f_i(\ )$ 表示公司 i 的会计系统，如果两个公司的会计信息转换机制差异越小，则两个公司的会计系统可比性就越强。给定某一经济业务，如果两个公司生成了类似的财务报表，则两个公司的会计系统就具有可比性，这就是两个公司组间的会计信息可比性。模型（7-1）说明公司财务报表是公司经济业务以及确认和计量此经济业务的会计核算的结果。依据这一逻辑，给定相同的经济业务，如果两个公司能生成相似的财务报表，则会计信息可比性较强。

具体而言，De Franco 等（2011）用股票收益代表经济业务对公司的净影响，用会计盈余这一重要的财务指标代表公司的会计信息，对于两个公司 i 和 j 的会计信息可比性，首先分别对公司 i 和 j 使用第 t 期前的连续 16 个季度数据估计模型（7-2）。

$$Earnings_{it} = \alpha_i + \beta_i Return_{it} + \varepsilon_{it} \qquad (7-2)$$

估计出来的系数分别代入式（7-3）和式（7-4），给定公司 i 在第 t 期的经济事项（以当期收益 $Return_{it}$ 替代），计算公司 i 和公司 j 在此经济事项下，经过两个会计系统 f_i（ ）和 f_j（ ）的变换，得到期望盈余分别为 $E (Earnings)_{iit}$ 和 $E (Earnings)_{ijt}$，代表经济事项经过会计系统的处理得到的会计盈余。

$$E(Earnings)_{iit} = \alpha_i + \beta_i Return_{it} \qquad (7-3)$$

$$E(Earnings)_{ijt} = \alpha_j + \beta_j Return_{it} \qquad (7-4)$$

基于式（7-3）和式（7-4）计算连续 16 期的 $E (Earnings)_{iit}$ 和 $E (Earnings)_{ijt}$，两者之差即两公司在经济业务相同的情况下的会计系统差异程度，也即公司 i 和公司 j 的会计信息可比性差异程度 $COMP_{ijt}$，如式（7-5）所示。数值越大表示会计信息可比性越高，两个会计系统差异的绝对值取了负号。

$$COMP_{ijt} = -\frac{1}{16} \times \sum \left| E (Earnings)_{iit} - E (Earnings)_{ijt} \right|$$

$$(7-5)$$

式（7-5）度量了公司 i 和公司 j 在第 t 期的会计信息可比性 $COMP_{ijt}$，此值越大表示公司 i 与公司 j 之间的会计信息可比性越强。在此基础上，以公司 i 为基准，与公司 i 处在同一行业的其他公司 j 来计算每一公司对的会计信息可比性 $COMP_{ijt}$，然后将所有与公司 i 配对的组合的可比性值按从大到小进行排序，$COMPI_{it}$ 为所有组合的中位数，$COMPM_{it}$ 为所有组合的平均数，这样就取得了公司 i 在第 t 期的会计信息可比性。我们将 t 期分别定义为各年度第四季度，则可以获得公司 i 在某一年度的会计信息可比性。

（三）模型设计

为了验证本章的三个假设，本章分别构建了模型（7-6）、模型（7-7）和模型（7-8）来进行检验：

$$
\begin{aligned}
\text{ACCURACY}_{i,t+1} = {} & \beta_0 + \beta_1 \text{COMP}_{i,t} + \beta_2 \text{SIZE}_{i,t} + \beta_3 \text{BM}_{i,t} + \beta_4 \text{ROA}_{i,t} \\
& + \beta_5 \text{LEV}_{i,t} + \beta_6 \text{DAYS}_{i,t+1} + \beta_7 \text{COVER}_{i,t} + \beta_8 \text{DIRNUM}_{i,t} \\
& + \beta_9 \text{INDIR}_{i,t} + \beta_{10} \text{INST}_{i,t} + \beta_{11} \text{SOE}_{i,t} + \text{CONTROL} + \varepsilon_{it}
\end{aligned}
$$

$$(7-6)$$

$$
\begin{aligned}
\text{ACCURACY}_{i,t+1} = {} & \beta_0 + \beta_1 \text{COMP}_{i,t} + \beta_2 \text{INENV}_{i,t} + \beta_3 \text{INENV}_{i,t} \times \text{COMP}_{i,t} \\
& + \beta_4 \text{SIZE}_{i,t} + \beta_5 \text{BM}_{i,t} + \beta_6 \text{ROA}_{i,t} + \beta_7 \text{LEV}_{i,t} + \beta_8 \text{DAYS}_{i,t+1} \\
& + \beta_9 \text{COVER}_{i,t} + \beta_{10} \text{DIRNUM}_{i,t} + \beta_{11} \text{INDIR}_{i,t} + \beta_{12} \text{INST}_{i,t} \\
& + \beta_{13} \text{SOE}_{i,t} + \text{CONTROL} + \varepsilon_{it}
\end{aligned}
$$

$$(7-7)$$

$$
\begin{aligned}
\text{ACCURACY}_{i,t+1} = {} & \beta_0 + \beta_1 \text{COMP}_{i,t} + \beta_2 \text{EXENV}_{i,t} + \beta_3 \text{EXENV}_{i,t} \times \text{COMP}_{i,t} \\
& + \beta_4 \text{SIZE}_{i,t} + \beta_5 \text{BM}_{i,t} + \beta_6 \text{ROA}_{i,t} + \beta_7 \text{LEV}_{i,t} \\
& + \beta_8 \text{DAYS}_{i,t+1} + \beta_9 \text{DIRNUM}_{i,t} + \beta_{10} \text{INDIR}_{i,t} \\
& + \beta_{11} \text{INST}_{i,t} + \beta_{12} \text{SOE}_{i,t} + \text{CONTROL} + \varepsilon_{it}
\end{aligned}
$$

$$(7-8)$$

在模型中，$\text{ACCURACY}_{i,t+1}$ 表示公司管理层下一年度营收计划的准确度，借鉴既有管理层业绩预测准确度的研究（Kasznik and Lev，1995；Ajinkya et al.，2005），我们将下一年度每股营收计划值与真实每股营业收入的差取绝对值，然后再除以期初每股股价，计算出来的值再取相反数，此值越大，则表示营收计划准确度越高。可比性 COMP 采用 COMPM 和 COMPI 来替代，分别表示公司与行业内其他公司间所有可比性组合的平均数和中位数，来反映公司年度的可比性。

控制变量方面，既有研究公司的外部董事比例越高、机构投资者持股比例越高、董事会人数越多以及预测期间越短，其管理层业绩预测越准确（Ajinkya et al.，2005；Karamanou and Vafeas，2005），为此我们控制了公司董事会人数 DIRNUM、独立董事在董事会占比 IN-DR、机构投资者持股比例 INST 以及预告期长度 DAYS 等变量。此外，既有研究发现公司的所有权性质也会影响公司的业绩披露行为（罗炜和朱春艳，2010），可能对公司的营收计划准确度产生影响，为此我们控制了公司所有权性质变量 SOE。最后，我们还控制了公司规模 SIZE、账面市值比 BM、公司资产报酬率 ROA、资产负债率 LEV 等公司特征变量以及分析师跟踪数量 COVER。为了减轻可能存在的内生性问题，模型中除因变量以及预告期长度为本年数据外，会计信息可比性以及其他控制变量均滞后一期。模型涉及的变量具体定义及计算公式如表7.2所示。

表7.2 **变量定义表**

变量名称	变量标识	定义及计算公式
业绩预告准确度	ACCURA-CY	［每股营收计划值 – 每股营业收入的实际值］／上年末公司收盘价，取绝对值之后再取负数，该值越大，则营收计划准确度越高
会计信息可比性	COMP	与公司 i 在 t 年行业内所有组合的可比性值按从大到小进行排序，COMPMit 为所有组合的均值，COMPIit 为所有组合的中位数
公司规模	SIZE	上一年度期末总资产的自然对数
账面市值比	BM	上一年度公司总资产除以公司总市值
总资产报酬率	ROA	上一年度公司的总资产收益率
资产负债率	LEV	上一年度公司负债总额占总资产的比例
预告期长度	DAYS	营收计划披露日与预测对应期间截止日之间的天数
分析师跟踪数量	COVER	上一年度末对公司发布了业绩预测的分析师数量，加上1后再取自然对数
董事会规模	DIRNUM	上一年度末公司董事会中的董事人数
独立董事比例	INDR	上一年度末公司独立董事人数在董事会人数中的占比

变量名称	变量标识	定义及计算公式
机构投资者持股比例	INST	上一年度末机构投资者持股占公司总股本的比例
所有权性质	SOE	若实际控制人为国有，则取值为1，否则取值为0
内部信息环境	INENV	公司前三个年度采用截面JONES模型估计的操纵应计绝对值的平均数，然后按照年度行业的均值分类，如果低于均值则取值为1，表示内部信息环境越好，否则为0
外部信息环境	EXENV	公司上一年度分析师跟踪数量，然后按照年度行业的中位数分类，如果高于中位数则取值为1，表示外部信息环境越好，否则为0
行业控制变量	INDUSTRY	采用证监会2012行业分类，制造业按照二级代码分类
年度控制变量	YEAR	按照年度编码

第四节　实证检验结果及分析

（一）描述性统计分析

表7.3为变量的描述性统计结果。营收计划准确度ACCURACY的均值为 -16.66%，最高值为 -0.05%，最低值则达到 -250.67%，表明不同上市公司的营收计划准确度有较大差距，准确度最高的公司，其每股营业收入的预测误差只占公司股价的0.05%，而准确度最低的公司，其每股误差是公司股价的2.5倍，差异巨大。在样本公司中，可比性COMPM和COMPI均值分别为 -1.36%和 -1.11%，最小值分别为 -4.17%和 -4.01%，最大值分别为 -0.56%和 -0.38%，说明可比性在公司间差异较大。样本公司净资产收益率ROA均值为3.89%，有一半公司的盈利能力在平均水平以下，这与我国普遍存在的上市公司收益率不高的现状一致，且ROA的最大值与最小值以及上下25%分位的差异较大，样本公司间的盈利能力还

有较大的差异。预告期长度 DAYS 均值为 276.55 天，最长的预测期为 335 天，最短的预测期为 245 天。公司在年度报告的"管理层讨论与分析"部分披露了下一年度营收计划，这意味着预测期最长为 360 天（假定年报在当年 1 月 1 日披露），最短为 245 天（年报在当年 4 月 30 日披露），这说明营收计划发布日离当年 12 月 31 日的时间差平均而言有 276.55 天，样本公司营收计划的预测期普遍较长。公司董事会人数 DIRNUM 均值为 9.44 人，最低 5 人，最大为 18 人，差异较大。独立董事占比 INDR 均值为 36.1%，说明样本公司平均而言独立董事占比超过了 1/3，这符合证监会对独立董事占比不低于 1/3 的要求，25% 分位数和中位数均为 1/3，说明不少样本公司为了满足监管规定，将独立董事占比调整为 1/3。机构投资者持股比例 INST 的均值为 7.31%，最大者为 62.39%，说明我国资本市场上机构投资者已经具有一定的规模，且在各观测值间存在较大的差异。公司所有权性质 SOE 均值为 73.24%，说明样本公司大部分为国有上市公司。公司内部信息环境 INENV 和外部信息环境 EXENV 的均值分别为 60.55% 和 60.26%，说明样本公司较大比例为内部环境较好或者外部信息环境较好的公司。

表 7.3 　　　　　　　　　　　　**变量描述性统计**

变量名称	样本量	平均值	标准差	最小值	25% 分位	中位数	75% 分位	最大值
ACCURACY	2743	-0.1666	0.3461	-2.5067	-0.1547	-0.0608	-0.0205	-0.0005
COMPM	2743	-0.0136	0.0062	-0.0417	-0.0155	-0.0121	-0.0095	-0.0056
COMPI	2743	-0.0110	0.0064	-0.0401	-0.0124	-0.0090	-0.0071	-0.0038
SIZE	2743	21.9522	1.1301	19.5775	21.1389	21.8628	22.6735	25.0594
BM	2743	0.6594	0.2374	0.1573	0.4836	0.6680	0.8555	1.1860
ROA	2743	0.0389	0.0569	-0.1793	0.0122	0.0334	0.0618	0.2128
LEV	2743	0.5287	0.2192	0.0071	0.3938	0.5412	0.6542	5.4936
DAYS	2743	276.552	20.307	245.000	259.000	277.000	288.000	335.000
COVER	2743	1.3953	1.1354	0.0000	0.0000	1.3863	2.3979	3.6109

续表

变量名称	样本量	平均值	标准差	最小值	25%分位	中位数	75%分位	最大值
DIRNUM	2743	9.4444	1.8831	5.0000	9.0000	9.0000	11.0000	18.0000
INDR	2743	0.3610	0.0479	0.2727	0.3333	0.3333	0.3750	0.5556
INST	2743	0.0731	0.1111	0.0000	0.0074	0.0362	0.0930	0.6239
SOE	2743	0.7324	0.4428	0.0000	0.0000	1.0000	1.0000	1.0000
INENV	2743	0.6055	0.4888	0.0000	0.0000	1.0000	1.0000	1.0000
EXENV	2743	0.6026	0.4894	0.0000	0.0000	1.0000	1.0000	1.0000

（二）相关性分析

表7.4为主要变量的Pearson相关系数分析结果。从表7.4可以看出，公司营收计划准确度ACCURACY与可比性代理变量COMPM和COMPI在1%的统计水平上均显著正相关，营收计划准确度随着公司可比性水平的高低而正向变动，符合我们假设H7-1的预期。在控制变量中，公司规模SIZE、账面市值比BM、资产负债率LEV、董事会人数DIRNUM以及所有权性质SOE与营收计划准确度ACCURACY负相关，均在1%的显著性水平上显著。而公司资产报酬率ROA与营收计划准确度ACCURACY在1%的显著性水平上正相关，说明公司业绩越好的公司，其下一年度营业收入能够预测的更准确。除可比性外两个代理变量相关性系数较高，达到了0.9630，我们在回归时分别放入模型中，其他自变量之间相关系数绝大多数都远小于0.5，说明多重共线性问题不严重，从而为后续多元回归分析结果的可靠性提供一定程度上的保证。

（三）多元回归分析

我们通过多元回归方法来分析可比性对营收计划准确度的影响关系以检验本章提出的假设。

表7.4　变量相关性分析

	ACCURACY	COMPM	COMPI	SIZE	BM	ROA	LEV	DAYS	COVER	DIRNUM	INDR	INST
ACCURACY	1.000											
COMPM	0.093 0.000	1.000										
COMPI	0.094 0.000	0.963 0.000	1.000									
SIZE	-0.195 0.000	-0.060 0.002	-0.090 0.000	1.000								
BM	-0.264 0.000	-0.112 0.000	-0.085 0.000	0.454 0.000	1.000							
ROA	0.113 0.000	0.120 0.000	0.123 0.000	0.145 0.000	-0.249 0.000	1.000						
LEV	-0.186 0.000	-0.238 0.000	-0.255 0.000	0.205 0.000	0.171 0.000	-0.388 0.000	1.000					
DAYS	0.026 0.174	0.024 0.202	0.040 0.035	-0.042 0.028	-0.047 0.014	0.136 0.000	-0.054 0.005	1.000				

续表

	ACCURACY	COMPM	COMPI	SIZE	BM	ROA	LEV	DAYS	COVER	DIRNUM	INDR	INST
COVER	-0.014 0.479	0.094 0.000	0.063 0.001	0.456 0.000	-0.024 0.211	0.474 0.000	-0.095 0.000	0.094 0.000	1.000			
DIRNUM	-0.080 0.000	0.006 0.754	0.010 0.617	0.276 0.000	0.123 0.000	0.023 0.227	0.055 0.004	0.004 0.845	0.192 0.000	1.000		
INDR	-0.017 0.374	0.024 0.213	0.011 0.569	0.064 0.001	-0.010 0.602	-0.041 0.032	0.027 0.151	-0.039 0.039	-0.009 0.650	-0.225 0.000	1.000	
INST	0.022 0.244	0.017 0.366	0.017 0.378	0.085 0.000	-0.088 0.000	0.167 0.000	-0.055 0.004	0.089 0.000	0.266 0.000	0.045 0.019	-0.062 0.001	1.000
SOE	-0.076 0.000	-0.063 0.001	-0.048 0.012	0.202 0.000	0.153 0.000	-0.023 0.238	0.064 0.001	0.039 0.043	0.072 0.000	0.166 0.000	-0.010 0.598	0.028 0.149

注：该表每行上方是两变量之间的相关系数，下方是对应的 P 值。

1. 可比性对营收计划准确度的影响分析

表7.5列示了可比性对营收计划准确度影响关系的 OLS 回归分析结果，为了控制极端值的影响，我们对连续变量上下 1% 分位进行了 Winsorizing 处理。表 7.5 前两列示和后两列分别为均值可比性 COMPM 和中位数可比性 COMPI 对营收计划准确度的回归结果，结果显示，在不控制其他变量的情况下，可比性在 1% 的统计水平下对营收计划准确度有显著的影响，控制了其他变量的条件下，可比性在 5% 的显著性水平上正向地影响了营收计划准确度，也即，样本公司的可比性越高，则其营收计划的准确度越高，支持了本章的假设 H7 - 1。这说明，可比性越高的公司，其管理层在预测时越能够以更低的成本从内外部信息环境中获取相关信息，体现了可比性的信息捕获功能。控制变量方面，公司规模 SIZE、账面价值比 BM 以及资产负债率 LEV 与营收计划准确度在 1% 的显著性水平上显著负相关，说明公司规模越大、成长性越好以及负债率越高的公司，其未来营业收入预测难度越大，从而导致营收计划准确度越低。公司治理方面，董事会人数 DIRNUM 与营收计划准确度负相关，并在 5% 的显著性水平上显著，可能的解释是，公司的董事会规模越大，说明公司业务比较复杂，需要更多的行业专家为公司的未来发展提供咨询和监督，某种意义上说明公司业务的复杂和多元化，因而准确预测下一期营业收入规模越困难，导致营收计划准确度越低。

表 7.5 可比性与营收计划准确度

	COMPM		COMPI	
COMP	5. 4831 *** (4. 9112)	2. 3630 ** (2. 0825)	5. 3147 *** (5. 1429)	2. 3969 ** (2. 2749)
SIZE		− 0. 0431 *** (− 4. 3537)		− 0. 0428 *** (− 4. 3236)
BM		− 0. 1751 *** (− 4. 0713)		− 0. 1759 *** (− 4. 0911)
ROA		0. 1993 (1. 3803)		0. 1968 (1. 3633)

	COMPM		COMPI	
LEV		− 0. 1159 *** (− 3. 4424)		− 0. 1142 *** (− 3. 3882)
DAYS		0. 0000 (0. 1108)		0. 0000 (0. 0857)
COVER		0. 0115 (1. 3227)		0. 0113 (1. 3006)
DIRNUM		− 0. 0091 ** (− 2. 5291)		− 0. 0091 ** (− 2. 537)
INDR		− 0. 1225 (− 0. 9039)		− 0. 1227 (− 0. 9058)
INST		0. 0006 (1. 0335)		0. 0006 (1. 0231)
SOE		− 0. 0225 (− 1. 5255)		− 0. 0225 (− 1. 5272)
INTERCEPT	− 0. 1714 *** (− 3. 6209)	1. 0447 *** (4. 8481)	− 0. 1985 *** (− 4. 3431)	1. 0304 *** (4. 778)
YEAR	Control	Control	Control	Control
INDUSTRY	Control	Control	Control	Control
N	2743	2743	2743	2743
ADJ − R2	7. 61%	13. 37%	7. 69%	13. 40%
F − value	10. 0325 ***	13. 0946 ***	10. 1334 ***	13. 1226 ***

注：括号里的数字为 T 统计量值，＊，＊＊，＊＊＊分别表示在 10%，5% 和 1% 的统计水平上显著。

2. 内部信息环境对可比性与营收计划准确度之间关系的影响分析

表 7.6 为不同的内部信息环境下，可比性对营收计划准确度的回归分析结果。采用截面 JONES 模型来估计操纵性应计（Jones，1991），以公司过去三年平均的操纵性应计的绝对值来衡量公司内部信息环境 INENV，并以其年度行业的均值为临界值，将样本公司分内部信息环境好与内部信息环境差两组，可比性对营收计划准确度的回归结果如表 7.6 第一列至第四列所示，在好内部信息环境组，两种可比性度量方法 COMPM 和 COMPI 均在 1% 的显著性水平上对营收计

划准确度有着显著的影响，而在较差的内部信息环境组，可比性不再对营收计划有显著的影响。在全样本中，内部信息环境 INENV 与两种可比性 COMPM 和 COMPI 的相互相系数显著为正，分别在 10% 和 5% 的显著性水平上显著。这一结果表明，可比性在管理层作预测时的信息捕获功能主要体现在较好内部信息环境的上市公司，并且可比性对营收计划准确度的影响在不同内部信息环境有显著的差异，这与本章的研究假设 H7 - 2 的预期相符。控制变量的回归结果与表 7.5 基本一致，不再赘述。

表7.6　　　　　　　　内部信息环境影响的检验结果

	好环境组		差环境组		全样本	
	COMPM	COMPI	COMPM	COMPI	COMPM	COMPI
COMP	4.1544 *** (2.61)	4.2158 *** (2.8526)	0.4272 (0.2552)	0.4497 (0.289)	0.3564 (0.2333)	0.0816 (0.0565)
INENV					0.0782 ** (2.5572)	0.0762 *** (3.018)
COMP × INENV					3.4776 * (1.7114)	4.1333 ** (2.1056)
SIZE	-0.0470 *** (-3.5215)	-0.0465 *** (-3.4832)	-0.0248 *** (-1.6005)	-0.0247 *** (-1.5942)	-0.0423 *** (-4.2748)	-0.0418 *** (-4.2197)
BM	-0.1025 *** (-1.8162)	-0.1042 *** (-1.8453)	-0.2821 *** (-4.0666)	-0.2823 *** (-4.0685)	-0.1817 *** (-4.2042)	-0.1825 *** (-4.2251)
ROA	0.1737 (0.7733)	0.1674 (0.7459)	0.2463 (1.2774)	0.2457 (1.2742)	0.2269 (1.5699)	0.2269 (1.5706)
LEV	-0.1824 *** (-3.2047)	-0.1801 *** (-3.1648)	-0.0851 * (-1.9573)	-0.0846 * (-1.9452)	-0.1144 *** (-3.3664)	-0.1145 *** (-3.3681)
DAYS	-0.0001 (-0.1733)	-0.0001 (-0.2146)	0.0002 (0.3832)	0.0002 (0.3806)	0.0000 (0.0829)	0.0000 (0.0436)
COVER	0.0124 (1.0885)	0.0121 (1.0618)	0.0048 (0.3437)	0.0048 (0.3403)	0.0112 (1.2874)	0.0109 (1.2491)
DIRNUM	-0.0108 ** (-2.2408)	-0.0109 ** (-2.2695)	-0.0071 (-1.2649)	-0.0071 (-1.2665)	-0.0092 ** (-2.5505)	-0.0092 ** (-2.562)
INDR	-0.2034 (-1.1366)	-0.2077 (-1.1612)	0.0479 (0.2276)	0.0483 (0.2298)	-0.1152 (-0.8511)	-0.1158 (-0.8559)
INST	0.0001 (0.172)	0.0001 (0.1596)	0.0012 (1.2696)	0.0012 (1.2683)	0.0006 (1.0265)	0.0006 (1.0043)

	好环境组		差环境组		全样本	
	COMPM	COMPI	COMPM	COMPI	COMPM	COMPI
SOE	−0.0390 ** (−2.0357)	−0.0392 ** (−2.0467)	−0.0095 (−0.4009)	−0.0094 (−0.3987)	−0.0244 * (−1.6573)	−0.0247 * (−1.6729)
INTERCEPT	1.1770 *** (4.0816)	1.1544 *** (4.0005)	0.6139 *** (1.821)	0.6106 *** (1.8095)	0.991 *** (4.5863)	0.9752 *** (4.5134)
YEAR	Control	Control	Control	Control	Control	Control
INDUSTRY	Control	Control	Control	Control	Control	Control
N	1661	1661	1082	1082	2743	2743
ADJ − R2	12.78%	12.85%	15.33%	15.34%	13.58%	13.66%
F − value	7.9480 ***	7.9922 ***	6.7583 ***	6.7589 ***	12.6497 ***	12.7209 ***

注：括号里的数字为 T 统计量值，*，**，*** 分别表示在 10%，5% 和 1% 的统计水平上显著。

3. 外部信息环境对可比性与营收计划准确度之间关系的影响分析

表7.7 为不同外部信息环境下，可比性对营收计划准确度影响的回归分析结果。分析师预测是公司外部信息环境的重要组成部分，作为一种信息中介，更多的分析师在一定程度了丰富了企业的外部信息环境（辛清泉等，2014），因此，我们用上年度期末公司的分析师跟踪数量来表示公司的外部信息环境，并以其行业年度的中位数为临界值，将样本公司分为外部信息环境好与外部信息环境差两组，分别检验可比性对营收计划准确度的影响。回归结果如表7.7 第一列至第四列所示，在好外部信息环境组，两种可比性度量方法 COMPM 和 COMPI 分别在 5% 和 1% 的显著性水平上对营收计划准确度影响显著，而在外部信息环境较差的样本组，可比性不再对营收计划有显著的影响。在全样本中，外部信息环境 EXENV 与两种可比性 COMPM 和 COMPI 的相互相系数显著为正，分别在 10% 和 5% 的显著性水平上显著。这一结果表明，可比性在管理层作预测时的信息捕获功能主要体现在具有较好外部信息环境的上市公司，并且可比性对营收计划准确度的影响在不同

外部信息环境有显著的差异，这与本章的研究假设 H7 - 3 的预期相符。控制变量的回归结果与表 7.5 差异不大，不再赘述。

表 7.7　　　　　　　　　外部信息环境影响的检验结果

	好环境组		差环境组		全样本	
	COMPM	COMPI	COMPM	COMPI	COMPM	COMPI
COMP	4.0311 ** (2.4655)	4.0841 *** (2.6825)	-0.0249 (-0.0136)	-0.2403 (-0.14)	0.1605 (0.0991)	-0.3342 (-0.216)
EXENV					0.0739 ** (2.3895)	0.0728 *** (2.8186)
COMP × EXENV					3.8897 * (1.8385)	4.8548 ** (2.3507)
SIZE	-0.0468 *** (-3.6672)	-0.0464 *** (-3.6379)	-0.0254 *** (-1.4906)	-0.0253 *** (-1.4879)	-0.0394 *** (-4.3729)	-0.0385 *** (-4.2779)
BM	-0.1904 *** (-3.1481)	-0.1873 *** (-3.0944)	-0.1482 *** (-2.0508)	-0.1480 *** (-2.0483)	-0.1771 *** (-4.2138)	-0.1739 *** (-4.1321)
ROA	0.3068 (1.4092)	0.3197 (1.4674)	0.1443 (0.6829)	0.1506 (0.7107)	0.2606 * (1.8337)	0.2784 * (1.952)
LEV	-0.1066 ** (-2.3665)	-0.1045 ** (-2.3187)	-0.1447 *** (-2.7598)	-0.1470 *** (-2.8078)	-0.1223 *** (-3.6247)	-0.1225 *** (-3.627)
DAYS	0.0001 (0.3089)	0.0001 (0.2831)	-0.0001 (-0.3098)	-0.0001 (-0.3102)	0.0000 (0.1379)	0.0000 (0.1096)
COVER	0.0044 (0.2831)	0.0045 (0.2904)	-0.0021 (-0.104)	-0.0019 (-0.0944)		
DIRNUM	-0.0121 *** (-2.6613)	-0.0122 *** (-2.6685)	-0.0042 (-0.6978)	-0.0042 (-0.694)	-0.0092 ** (-2.5533)	-0.0093 *** (-2.5774)
INDR	-0.1668 (-0.9402)	-0.1672 (-0.9432)	-0.0063 (-0.0291)	-0.0069 (-0.0318)	-0.1337 (-0.9866)	-0.1348 (-0.9959)
INST	0.0005 (0.7258)	0.0005 (0.7131)	-0.0005 (-0.427)	-0.0005 (-0.4356)	0.0006 (0.9992)	0.0006 (0.9636)
SOE	-0.0328 * (-1.6509)	-0.0334 * (-1.6821)	-0.0038 (-0.1694)	-0.0040 (-0.1777)	-0.0241 (-1.6359)	-0.0247 * (-1.6783)
INTERCEPT	1.1812 *** (4.187)	1.1551 *** (4.0836)	0.5592 (1.5397)	0.5573 (1.537)	0.9259 *** (4.7487)	0.8987 *** (4.6118)
YEAR	Control	Control	Control	Control	Control	Control
INDUSTRY	Control	Control	Control	Control	Control	Control
N	1653	1653	1090	1090	2743	2743
ADJ - R2	14.72%	14.78%	12.66%	12.67%	13.47%	13.57%
F - value	9.1491 ***	9.1872 ***	5.6445 ***	5.6452 ***	12.8610 ***	12.9575 ***

注：括号里的数字为 T 统计量值，*，**，*** 分别表示在 10%，5% 和 1% 的统计水平上显著。

（四）稳健性检验

为了使研究结果更为稳健，本章进行了如下稳健性检验：

（1）前面在构建营业收入准确度时，将管理层披露的营收计划视为合并利润表上的营业总收入项目，但也有可能存在部分上市公司发布的营业收入计划对应的是母公司利润表上的营业收入项目，为此，我们采用母公司利润表上的营业收入项目重新构建营收计划准确度，回归结果如表7.8、表7.9和表7.10所示。以母公司利润表中营业收入为对象构建的营收计划准确度，表7.8为两类可比性对营收计划准确度的回归结果，可比性对营收计划准确度在5%的显著性水平上有显著影响，与表7.5无明显差异。

表7.8　　　　　　　　　　　可比性与营收计划准确度

	COMPM		COMPI	
COMP	5.4751 *** (4.905)	2.3550 ** (2.076)	5.3114 *** (5.1408)	2.3940 ** (2.2726)
SIZE		-0.0430 *** (-4.3437)		-0.0427 *** (-4.3132)
BM		-0.1754 *** (-4.08)		-0.1763 *** (-4.1001)
ROA		0.1984 (1.3746)		0.1959 (1.3575)
LEV		-0.1162 *** (-3.4498)		-0.1144 *** (-3.3948)
DAYS		0.0000 (0.122)		0.0000 (0.0969)
COVER		0.0115 (1.3205)		0.0113 (1.2981)
DIRNUM		-0.0091 ** (-2.5366)		-0.0092 ** (-2.5448)
INDR		-0.1208 (-0.8913)		-0.1210 (-0.8933)
INST		0.0006 (1.0362)		0.0006 (1.0258)
SOE		-0.0225 (-1.5247)		-0.0225 (-1.5263)

续表

	COMPM		COMPI	
INTERCEPT	−0.1715 *** (−3.6238)	1.0414 *** (4.8337)	−0.1986 *** (−4.3445)	1.0271 *** (4.7635)
YEAR	Control	Control	Control	Control
INDUSTRY	Control	Control	Control	Control
N	2743	2743	2743	2743
ADJ − R2	7.60%	13.37%	7.68%	13.40%
F − value	10.0217 ***	13.0891 ***	10.1242 ***	13.1176 ***

注：括号里的数字为 T 统计量值，*，**，*** 分别表示在 10%，5% 和 1% 的统计水平上显著。

表 7.9　　　　　　　　　内部信息环境影响的检验结果

	好环境组		差环境组		全样本	
	COMPM	COMPI	COMPM	COMPI	COMPM	COMPI
COMP	4.1504 *** (2.6079)	4.2153 *** (2.8528)	0.4155 (0.2482)	0.4440 (0.2854)	0.3375 (0.221)	0.0704 (0.0488)
INENV					0.0786 ** (2.5712)	0.0765 *** (3.0306)
COMP × INENV					3.4968 * (1.7212)	4.1474 ** (2.1133)
SIZE	−0.0469 *** (−3.5165)	−0.0464 *** (−3.478)	−0.0246 (−1.5891)	−0.0245 (−1.5824)	−0.0422 *** (−4.2645)	−0.0417 *** (−4.2089)
BM	−0.1025 * (−1.8157)	−0.1041 * (−1.8448)	−0.2828 *** (−4.0786)	−0.2830 *** (−4.0806)	−0.1821 *** (−4.2137)	−0.1829 *** (−4.2349)
ROA	0.1745 (0.7772)	0.1683 (0.7499)	0.2440 (1.2657)	0.2433 (1.2623)	0.2261 (1.5652)	0.2262 (1.5658)
LEV	−0.1828 *** (−3.2131)	−0.1805 *** (−3.1729)	−0.0852 ** (−1.9604)	−0.0847 * (−1.9474)	−0.1146 *** (−3.3738)	−0.1147 *** (−3.3744)
DAYS	−0.0001 (−0.167)	−0.0001 (−0.2083)	0.0002 (0.393)	0.0002 (0.3902)	0.0000 (0.0941)	0.0000 (0.0546)
COVER	0.0123 (1.0816)	0.0120 (1.0548)	0.0049 (0.3465)	0.0048 (0.3429)	0.0112 (1.285)	0.0108 (1.2464)
DIRNUM	−0.0107 ** (−2.2363)	−0.0109 ** (−2.265)	−0.0071 (−1.2803)	−0.0072 (−1.2823)	−0.0092 ** (−2.5581)	−0.0093 ** (−2.5701)
INDR	−0.2018 (−1.1281)	−0.2062 (−1.1527)	0.0493 (0.2342)	0.0497 (0.2362)	−0.1134 (−0.8382)	−0.1141 (−0.8432)

续表

	好环境组		差环境组		全样本	
	COMPM	COMPI	COMPM	COMPI	COMPM	COMPI
INST	0.0001 (0.1719)	0.0001 (0.1594)	0.0012 (1.2749)	0.0012 (1.2738)	0.0006 (1.0291)	0.0006 (1.007)
SOE	-0.0390** (-2.041)	-0.0392** (-2.0522)	-0.0093 (-0.3955)	-0.0093 (-0.393)	-0.0244* (-1.6573)	-0.0247* (-1.6727)
INTERCEPT	1.1741*** (4.0721)	1.1515*** (3.991)	0.6096* (1.8087)	0.6063* (1.7973)	0.9874*** (4.5707)	0.9716*** (4.4979)
YEAR	Control	Control	Control	Control	Control	Control
INDUSTRY	Control	Control	Control	Control	Control	Control
N	1661	1661	1082	1082	2743	2743
ADJ - R²	12.76%	12.83%	15.35%	15.36%	13.58%	13.65%
F - value	7.9384***	7.9830***	6.7670***	6.7677***	12.6474***	12.7190***

注: 括号里的数字为 T 统计量值, *, **, *** 分别表示在 10%, 5% 和 1% 的统计水平上显著。

表 7.10 外部信息环境影响的检验结果

	好环境组		差环境组		全样本	
	COMPM	COMPI	COMPM	COMPI	COMPM	COMPI
COMP	4.0236** (2.4616)	4.0836*** (2.683)	-0.0268 (-0.0146)	-0.2371 (-0.1382)	0.1499 (0.0926)	-0.3383 (-0.2187)
EXENV					0.0740** (2.3942)	0.0729*** (2.8226)
COMP × EXENV					3.8933* (1.8407)	4.8559** (2.3517)
SIZE	-0.0467*** (-3.6593)	-0.0463*** (-3.6292)	-0.0253 (-1.4884)	-0.0253 (-1.4858)	-0.0393*** (-4.3652)	-0.0384*** (-4.2697)
BM	-0.1906*** (-3.153)	-0.1875*** (-3.0987)	-0.1485** (-2.0556)	-0.1484** (-2.0531)	-0.1774*** (-4.2216)	-0.1742*** (-4.1401)
ROA	0.3069 (1.4101)	0.3200 (1.4692)	0.1426 (0.6748)	0.1487 (0.7019)	0.2594* (1.8262)	0.2773* (1.9444)
LEV	-0.1068** (-2.371)	-0.1046** (-2.3228)	-0.1450*** (-2.766)	-0.1473*** (-2.813)	-0.1225*** (-3.6321)	-0.1227*** (-3.6334)
COVER	0.0043 (0.2782)	0.0044 (0.2854)	-0.0023 (-0.1096)	-0.0021 (-0.1001)		

	好环境组		差环境组		全样本	
	COMPM	COMPI	COMPM	COMPI	COMPM	COMPI
DAYS	0.0001 (0.3108)	0.0001 (0.2849)	−0.0001 (−0.2938)	−0.0001 (−0.2942)	0.0000 (0.1487)	0.0000 (0.1203)
DIRNUM	−0.0121*** (−2.666)	−0.0122*** (−2.6735)	−0.0043 (−0.7039)	−0.0042 (−0.7002)	−0.0092** (−2.5612)	−0.0093*** (−2.5856)
INDR	−0.1644 (−0.927)	−0.1649 (−0.9302)	−0.0059 (−0.0272)	−0.0065 (−0.0299)	−0.1319 (−0.9741)	−0.1331 (−0.9835)
INST	0.0005 (0.7279)	0.0005 (0.7152)	−0.0004 (−0.4249)	−0.0005 (−0.4334)	0.0006 (1.0006)	0.0006 (0.9651)
SOE	−0.0328* (−1.6514)	−0.0334* (−1.6827)	−0.0038 (−0.1696)	−0.0040 (−0.1777)	−0.0241 (−1.6352)	−0.0247* (−1.6774)
INTERCEPT	1.1780*** (4.177)	1.1518*** (4.0731)	0.5568 (1.5333)	0.5550 (1.5307)	0.9231*** (4.7354)	0.8959*** (4.5987)
YEAR	Control	Control	Control	Control	Control	Control
INDUSTRY	Control	Control	Control	Control	Control	Control
N	1653	1653	1090	1090	2743	2743
ADJ − R2	14.71%	14.77%	12.66%	12.67%	13.47%	13.56%
F − value	9.1417***	9.1806***	5.6447***	5.6453***	12.8566***	12.9535***

注：括号里的数字为 T 统计量值，*，**，*** 分别表示在 10%，5% 和 1% 的统计水平上显著。

表7.9 为内部信息环境对可比性与营收计划准确度之间关系影响的检验结果，从表中可以看出，可比性在业绩预测中的信息捕获功能主要在内部信息环境较好的公司，且不同内部信息环境下可比性对营收计划准确度的影响存在显著差异，这与表7.6 的结果无明显变化。

表7.10 为外部信息环境对可比性与营收计划准确度之间关系影响的检验结果，从表中可以看出，可比性在预测中的信息捕获功能主要在外部信息环境较好的公司，且不同外部信息环境下可比性对营收计划准确度的影响存在显著差异，这与表7.7 的结果无明显差异。这说明，采用母公司利润表上的营业收入项目重新构建的营收计划准确度，前述回归结果依然稳健。

（2）由于公司会计系统对好消息与坏消息的确认具有不对称性，

企业对坏消息比好消息的确认更加及时，即盈余确认具有稳健性（Basu，1997；李增泉和卢文彬，2003）。因此，De Franco 等（2011）采用单变量盈余——收益方程得到的可比性测度结果可能是有偏的（此方法默认会计盈余对好消息与坏消息确认是对称的），为此，我们在前面计算可比性的模型（7－2）中加入股票收益虚拟变量及其与股票收益的交叉项，模型如下：

$$\text{Earnings}_{it} = \alpha_i + \beta_i \text{Return}_{it} + \gamma_i \text{Neg}_{it} + \delta_i \text{Neg}_{it} * \text{Return}_{it} + \varepsilon_{it}$$

$$(7-9)$$

估计出来的系数分别代入式（7－10）和式（7－11），给定公司 i 在第 t 期的经济事项（以当期收益 Return_{it} 替代），计算公司 i 和公司 j 在此经济事项下，经过两公司会计系统 $f_i(\ )$ 和 $f_j(\ )$ 的变换，得到期望盈余分别为 E（Earnings）$_{iit}$ 和 E（Earnings）$_{ijt}$，代表经济事项经过会计系统的处理得到的会计盈余。

$$\text{E}(\text{Earnings})_{iit} = \hat{\alpha}_i + \hat{\beta}_i \text{Return}_{it} + \hat{\gamma}_i \text{Neg}_{it} + \hat{\delta}_i \text{Neg}_{it} \times \text{Return}_{it}$$

$$(7-10)$$

$$\text{E}(\text{Earnings})_{ijt} = \hat{\alpha}_j + \hat{\beta}_j \text{Return}_{it} + \hat{\gamma}_j \text{Neg}_{it} + \hat{\delta}_j \text{Neg}_{it} \times \text{Return}_{it}$$

$$(7-11)$$

基于式（7－10）和式（7－11）计算连续 16 期的 E（Earnings）$_{iit}$ 和 E（Earnings）$_{ijt}$，采用前面式（7－5）同样的方法，就得到各期两个公司间的可比性，进而求得公司 i 在 t 年的可比性。采用了考虑好坏消息确认不对称后的 De Franco 等（2011）方法，我们重新对前面的三个假设进行检验，回归结果如表7.11所示。可比性不论采用所有公司组合可比性的中位数还是均值，其对下一年度营收计划准确度均在1%的显著性水平上存在影响，并且这一关系在内部信息环境较好或外部信息环境较好的情境下，更为显著。这与前面的回归结果一致。

表7.11　考虑损失确认及时性的可比性度量方法

	可比性		内部信息环境		外部信息环境		内外部信息环境	
	COMPM	COMPI	COMPM	COMPI	COMPM	COMPI	COMPM	COMPI
COMP	3.3542*** (2.9819)	3.3093*** (3.1193)	0.6863 (0.4527)	0.3256 (0.2253)	0.4595 (0.2919)	-0.1786 (-0.1171)	-1.6488 (-0.9133)	-2.4879 (-1.4198)
INENV			0.1013*** (3.0926)	0.0951*** (3.503)			0.0922*** (2.7980)	0.0863*** (3.1693)
COMP×INENV			4.733*** (2.3823)	5.4034** (2.753)			4.132** (2.0647)	4.6987** (2.3837)
EXENV					0.0983*** (2.9787)	0.0943*** (3.418)	0.0902*** (2.7202)	0.0860*** (3.1039)
COMP×EXENV					5.2802 (2.5731)	6.3908 (3.1257)	4.8239 (2.3343)	5.8222 (2.8293)
SIZE	-0.0421*** (-4.2486)	-0.0418*** (-4.226)	-0.0412*** (-4.1668)	-0.0405*** (-4.157)	-0.0379*** (-4.2229)	-0.0369*** (-4.1016)	-0.0371*** (-4.1322)	-0.0358*** (-3.991)
BM	-0.1757*** (-4.0912)	-0.1769*** (-4.1187)	-0.1805*** (-4.1827)	-0.1820*** (-4.229)	-0.1749*** (-4.1675)	-0.1714*** (-4.0798)	-0.1812*** (-4.2956)	-0.1782*** (-4.2214)
ROA	0.1942 (1.3461)	0.1922 (1.3326)	0.2210 (1.5311)	0.2229 (1.5413)	0.2674* (1.8896)	0.2886** (2.0331)	0.2900** (2.0476)	0.3112** (2.1904)
LEV	-0.1086*** (-3.2224)	-0.1062*** (-3.1422)	-0.1100*** (-3.2367)	-0.1095*** (-3.225)	-0.1161*** (-3.4405)	-0.1161*** (-3.43)	-0.1159*** (-3.4085)	-0.1176*** (-3.4493)
DAYS	0.0000 (0.0873)	0.0000 (0.0486)	0.0000 (0.0442)	0.0000 (-0.0195)	0.0000 (0.1113)	0.0000 (0.0808)	0.0000 (0.0769)	0.0000 (0.0228)
COVER	0.0108 (1.2419)	0.0107 (1.2321)	0.0106 (1.2194)	0.0102 (1.176)				

续表

	可比性		内部信息环境		外部信息环境		内外部信息环境	
	COMPM	COMPI	COMPM	COMPI	COMPM	COMPI	COMPM	COMPI
DIRNUM	-0.0092** (-2.5556)	-0.0092** (-2.5582)	-0.0092** (-2.5502)	-0.0092** (-2.5568)	-0.0093*** (-2.5883)	-0.0094*** (-2.6128)	-0.0093*** (-2.5893)	-0.0094*** (-2.6159)
INDR	-0.1256 (-0.9278)	-0.1256 (-0.9279)	-0.1192 (-0.8818)	-0.1202 (-0.8897)	-0.1398 (-1.0333)	-0.1413 (-1.0455)	-0.1326 (-0.9812)	-0.1348 (-0.9985)
INST	0.0609 (1.0314)	0.0603 (1.0214)	0.0592 (1.004)	0.0575 (0.9766)	0.0566 (0.966)	0.0539 (0.9216)	0.0563 (0.963)	0.0529 (0.9044)
SOE	-0.0221 (-1.4966)	-0.0222 (-1.5065)	-0.0243* (-1.6464)	-0.0246* (-1.6734)	-0.0237 (-1.6073)	-0.0247* (-1.6803)	-0.0256* (-1.7377)	-0.0267* (-1.8184)
INTERCEPT	1.0467*** (4.862)	1.0246*** (4.756)	0.9820*** (4.5498)	0.9578*** (4.4381)	0.9095*** (4.6762)	0.8674*** (4.4558)	0.8537*** (4.3765)	0.8143*** (4.1753)
YEAR	Control	Control	Control	Control	Control	Control	Control	Control
INDUSTRY	Control	Control	Control	Control	Control	Control	Control	Control
N	2743	2743	2743	2743	2743	2743	2743	2743
ADJ $-R^2$	13.52%	13.55%	13.80%	13.89%	13.72%	13.85%	13.96%	14.13%
F $-$ value	13.247***	13.275***	12.867***	12.952***	13.113***	13.241***	12.708***	12.869***

注：括号里的数字为 T 统计量值，*，**，*** 分别表示在 10%，5% 和 1% 的统计水平上显著。

（3）前面采用了截面 JONES 模型估计的前三年操纵性应计来衡量公司的内部信息环境，我们又分别采用了修正的截面 JONES 模型（Dechow et al.，1995）以及业绩调整模型（Kothari et al.，2005）估计的操纵性应计来构建内部信息环境变量，重新检验内部信息环境对可比性与营收计划准确度之间关系的影响，回归结果如表 7.12 和表 7.13 所示。表 7.12 为采用修正 JONES 模型估计的操纵应计进而构建了内部信息环境变量后，检验内部信息环境对可比性与营收计划准确度之间关系影响的回归结果。分组回归显示，在好内部信息环境组，可比性在 1% 的显著性水平上对营收计划准确度有着显著的影响，而在较差的内部信息环境组，可比性不再对营收计划有显著的影响。在全样本中，内部信息环境 INENV 与两种可比性 COMPM 和 COMPI 的相互相系数显著为正，分别在 10% 和 5% 的显著性水平上显著，这与表 7.6 的回归结果基本一致。

表 7.12　内部信息环境影响的检验结果——基于修正 JONES 模型

	好环境组		差环境组		全样本	
	COMPM	COMPI	COMPM	COMPI	COMPM	COMPI
COMP	4.3702 *** (2.7411)	4.3906 *** (2.9683)	0.3897 (0.2323)	0.4335 (0.2782)	0.2180 (0.1426)	−0.0267 (−0.0184)
INENV					0.0800 *** (2.6109)	0.0764 *** (3.0244)
COMP × INENV					3.8179 * (1.8747)	4.4114 ** (2.2434)
SIZE	−0.0450 *** (−3.3705)	−0.0445 *** (−3.3356)	−0.0278 * (−1.798)	−0.0277 * (−1.7898)	−0.0423 *** (−4.2698)	−0.0417 *** (−4.2147)
BM	−0.1019 * (−1.7969)	−0.1033 * (−1.8216)	−0.2765 *** (−4.0072)	−0.2767 *** (−4.0099)	−0.1813 *** (−4.191)	−0.1820 *** (−4.2104)
ROA	0.2378 (1.0435)	0.2319 (1.0188)	0.2080 (1.0851)	0.2071 (1.0801)	0.2288 (1.5823)	0.2300 (1.5912)
LEV	−0.1791 *** (−3.1367)	−0.1768 *** (−3.0965)	−0.0899 ** (−2.0737)	−0.0894 ** (−2.0587)	−0.1150 *** (−3.3837)	−0.1150 *** (−3.3801)
DAYS	0.0000 (−0.05)	0.0000 (−0.0874)	0.0000 (0.0928)	0.0000 (0.0886)	0.0000 (0.1158)	0.0000 (0.0845)

续表

	好环境组		差环境组		全样本	
	COMPM	COMPI	COMPM	COMPI	COMPM	COMPI
COVER	0.0112 (0.9926)	0.0109 (0.9645)	0.0061 (0.4276)	0.0060 (0.4238)	0.0111 (1.2791)	0.0108 (1.2379)
DIRNUM	−0.0108 ** (−2.254)	−0.0110 ** (−2.2864)	−0.0067 (−1.1934)	−0.0067 (−1.1961)	−0.0091 ** (−2.527)	−0.0092 ** (−2.5454)
INDR	−0.2090 (−1.1771)	−0.2131 (−1.2006)	0.0540 (0.2541)	0.0543 (0.2555)	−0.1151 (−0.8498)	−0.1156 (−0.8543)
INST	0.0000 (0.0363)	0.0000 (0.0187)	0.0013 (1.3735)	0.0013 (1.374)	0.0006 (1.0072)	0.0006 (0.977)
SOE	−0.0390 ** (−2.0373)	−0.0392 ** (−2.0489)	−0.0080 (−0.338)	−0.0079 (−0.3348)	−0.0248 * (−1.6836)	−0.0250 * (−1.6975)
INTERCEPT	1.1222 *** (3.8933)	1.0986 *** (3.808)	0.7140 ** (2.1224)	0.7109 ** (2.1115)	0.9862 *** (4.5588)	0.9702 *** (4.4863)
YEAR	Control	Control	Control	Control	Control	Control
INDUSTRY	Control	Control	Control	Control	Control	Control
N	1660	1660	1083	1083	2743	2743
ADJ − R^2	12.87%	12.93%	15.21%	15.21%	13.57%	13.64%
F − value	7.9987 ***	8.0420 ***	6.7099 ***	6.7107 ***	12.6362 ***	12.7086 ***

注：括号里的数字为 T 统计量值，＊，＊＊，＊＊＊分别表示在 10%，5% 和 1% 的统计水平上显著。

我们也采用了业绩调整模型估计的操纵性应计来构建内部信息环境变量 INENV，以中位数作为临界值，高于中位数的为内部信息环境较好组，取值为 1，否则为 0 表示内部信息环境较差。检验内部信息环境对可比性与营收计划准确度之间关系影响的回归结果如表 7.13 所示。分组回归显示，在好内部信息环境组，可比性在 5% 的显著性水平上对营收计划准确度有着显著的影响，而在较差的内部信息环境组，可比性不再对营收计划有显著的影响。在全样本中，内部信息环境 INENV 与两种可比性 COMPM 和 COMPI 的交互相系数显著为正，在 10% 的显著性水平上显著，主要回归结果与表 7.6 相比，未发生明显变化。

表 7.13　　内部信息环境影响的检验结果——基于业绩调整模型

	好环境组		差环境组		全样本	
	COMPM	COMPI	COMPM	COMPI	COMPM	COMPI
COMP	4.2697 **	4.0782 **	1.0766	1.3116	0.7506	0.8289
	(2.3717)	(2.4497)	(0.7037)	(0.9211)	(0.5553)	(0.6494)
INENV					0.0879 ***	0.0772 ***
					(2.8316)	(3.0387)
COMP × INENV					3.6252 *	3.5417 *
					(1.7006)	(1.7129)
SIZE	−0.0424 ***	−0.0424 ***	−0.0349 **	−0.0344 **	−0.0419 ***	−0.0415 ***
	(−3.0525)	(−3.0499)	(−2.402)	(−2.3705)	(−4.2356)	(−4.1971)
BM	−0.1205 **	−0.1214 **	−0.2303 ***	−0.2311 ***	−0.1858 ***	−0.1865 ***
	(−2.0622)	(−2.0776)	(−3.5887)	(−3.6002)	(−4.3161)	(−4.3319)
ROA	0.0243	0.0153	0.3549 *	0.3520 *	0.2313	0.2297
	(0.1084)	(0.0681)	(1.8242)	(1.8096)	(1.6021)	(1.5906)
LEV	−0.2271 ***	−0.2258 ***	−0.0723 *	−0.0697	−0.1110 ***	−0.1097 ***
	(−3.8107)	(−3.7858)	(−1.6722)	(−1.6121)	(−3.2742)	(−3.2323)
DAYS	0.0002	0.0002	−0.0002	−0.0002	0.0000	0.0000
	(0.4542)	(0.4295)	(−0.3436)	(−0.3535)	(0.0279)	(0.0102)
COVER	0.0071	0.0069	0.0107	0.0106	0.0102	0.0099
	(0.6081)	(0.5918)	(0.8141)	(0.8027)	(1.1676)	(1.1386)
DIRNUM	−0.0075	−0.0077	−0.0101 *	−0.0101 *	−0.0093 ***	−0.0094 ***
	(−1.511)	(−1.5397)	(−1.9075)	(−1.9187)	(−2.5879)	(−2.6202)
INDR	−0.0984	−0.1008	−0.1435	−0.1426	−0.1317	−0.1315
	(−0.563)	(−0.5769)	(−0.681)	(−0.6768)	(−0.9732)	(−0.9725)
INST	0.0003	0.0003	0.0008	0.0008	0.0006	0.0006
	(0.4041)	(0.3885)	(0.9083)	(0.9134)	(0.9941)	(0.9765)
SOE	−0.0191	−0.0195	−0.0292	−0.0290	−0.0230	−0.0231
	(−0.9681)	(−0.9912)	(−1.3181)	(−1.3092)	(−1.5643)	(−1.5729)
INTERCEPT	0.9650 ***	0.9476 ***	0.9818 ***	0.9707 ***	0.996 ***	0.9843 ***
	(3.2631)	(3.2016)	(3.0537)	(3.0158)	(4.6209)	(4.564)
YEAR	Control	Control	Control	Control	Control	Control
INDUSTRY	Control	Control	Control	Control	Control	Control
N	1381	1381	1362	1362	2743	2743
ADJ − R^2	13.23%	13.26%	13.88%	13.90%	13.72%	13.74%
F − value	7.0138 ***	7.0265 ***	7.4496 ***	7.4619 ***	12.7845 ***	12.8086 ***

注：括号里的数字为 T 统计量值，*，**，*** 分别表示在 10%，5% 和 1% 的统计水平上显著。

（4）改变了模型中一些控制变量的度量方法。我们分别用营业收入的自然对数以及公司总市值的自然对数来表示公司规模 SIZE，以公司净资产收益率来替代公司的总资产报酬率 ROA，以市净率的倒数来替代账面市值比 BM，这些控制变量度量方法的改变未对主要回归结果有明显影响，鉴于篇幅限制，未予以列示。

第五节　本章小结

本章以在其年度报告中披露了下一年度营收计划的沪深 A 股上市公司为研究样本，从公司层面研究可比性是否影响营收计划的准确度，并考察公司内部和外部信息环境是否会强化两者之间的关系。研究发现：

第一，会计信息可比性越高的公司，其营收计划的准确度也越高。管理层在预测未来期间的营业收入时，需要纵向分析公司历史信息和横向参考行业信息，进而得到较为准确的营收计划。说明会计信息可比性是影响公司营收计划准确度的重要因素。

第二，内部信息环境越好的公司，其会计信息可比性与营收计划准确度之间的正向关系越显著。说明在财务报告质量较低的环境下，管理层探寻真实业绩增长能力需要耗费大量的精力，增加了公司真实财务信息与同行业其他公司财务信息进行比较的难度，限制了管理层利用历史信息和行业信息做出准确预测的能力发挥。

第三，外部信息环境越好的公司，其会计信息可比性与营收计划准确度之间的正向关系越显著。说明有着更多分析师预测的公司，管理层在判断公司以及行业整体发展趋势时有着更为丰富的外部信息环境，而丰富的外部信息环境，为公司管理层提供了更为准确的行业分析信息，进而提升了管理层基于可比行业信息做出准确预测的能力。

本章从可比性的角度，为公司会计信息质量服务于公司管理层决策提供了经验证据，有利于深化理论研究者对会计信息的业绩预测有用性的认知，也为公司管理层和监管机构如何提高公司业绩预测的准确度，进而更好地服务于资本市场发展提供了有价值的政策建议，即从内部和外部两个层面丰富公司的信息环境。内部信息环境层面，公司应提高会计信息的质量，为包括管理者在内的决策者提供更为可靠的会计信息。外部信息环境层面，基于证券分析师在行业分析方面的优势，监管机构应鼓励和扶持证券分析行业的发展，不断丰富我国上市公司的外部信息环境。

第八章 营收计划披露的市场反应

本章采用我国上市公司 2009～2010 年的年度数据，以分析师一致性预测作为市场预期来判断公司营收计划披露的消息类型，研究了资本市场对公司营收计划消息类型的反应。研究发现，不论公司营收计划传递的是"好消息"还是"坏消息"，市场对公司营收计划披露均有显著的反应。具体地，市场在短窗口内对"好消息"类型的营收计划给予了正面的评价，而对"坏消息"类型的营收计划给予了负面的评价，回归分析结果表明，营收计划消息类型对于短时间窗口的累计超额收益率有显著的影响，"好消息"比"坏消息"有更大的累计超额收益率。

第一节　引　言

管理层营收计划是上市公司年报披露中对未来发展趋势的前瞻性判断，作为"管理层讨论与分析"的重要组成部分，它提供了基于公认会计原则（GAAP）而产生的表内信息以及报表附注所无法提供的信息，有利于满足投资者对决策有用信息的需求。Bryan（1997）发现，"管理层讨论与分析"中关于未来经营的分析与短期投资决策相关，说明"管理层讨论与分析"具有决策价值。营收计划对于上市公司的市场预期有着重要作用，作为内部信息最为知情的管理层，拥有对企业未来业绩的最好掌握，其营收计划对外披露与否，与其公司特征以及行为动机有着密切联系。我们的前期研究探讨了上市公司自愿披露的动机，分析了上市公司营收计划实现程度的影响因素和手段。但是，上市公司披露的营收计划是否具有市场反应，特别是相对于市场上对公司营业收入的预期，营收计划的披露所传递的消息类型是否被市场所识别，尚未有相关的经验证据。赵宇龙（1998）从经验研究的角度认为，如果某会计数据集的披露与证券的价格或交易量之间具有统计意义的显著相关，就可以说此会计数据集向（证券）

市场传递了新的有用信息，或者说具有信息含量（Information Content）。本章采用事项研究（Event Study）的方法，根据公司自愿披露的营收计划与市场的一致性预期（以营收计划披露前分析师预测的平均值替代）而形成的"未预期营收"，将公司自愿披露的营收计划分为"好消息"和"坏消息"两种类型，研究市场对这两种消息的反应以及是否存在差异。

我们的研究与以前的研究存在较大的不同。首先，我们研究的对象是企业营收计划披露的市场反应，这在信息披露领域尚没有研究涉及。其次，本章基于分析师的一致性预测作为市场预期，检验了公司营收计划的消息类型的市场反应差异。虽然白晓宇等（2007）用嘉实基金的盈利预测库，将分析师对公司净利润的预测作为市场预期，研究了公司实际净利润披露日与市场预期差异所形成的"未预期盈余"的市场反应，而不是像以前的研究使用盈余的随机游走模型来判断"未预期盈余"，但本章与之有两个不同：一是本章研究的对象是公司营收计划，而不是公司的净利润，从而与利用分析师的预测对象不一样；二是本章除了采用的组间检验的方法外，我们还进行了回归分析，使研究结果更为稳健。

后面的结构安排如下：第二节为理论分析与假说发展；第三节详细介绍了数据来源、变量定义及其计算过程以及实证研究模型；第四节是实证结果分析；最后是本章的小结。

第二节　理论分析与假说发展

国内外尚没有展开对公司营收计划披露的市场反应研究，而始于Ball 和 Brown（1968）的盈余公告的信息含量研究，带动了较为丰富的管理层盈余预测（Management Earnings Forecasts）信息含量的研究。公司营收计划披露类似于管理层盈余预测，实际上也的确是公司管理层对下一年度营业收入的预测。为此，本章对国内外管理层盈余预测的市场反应研究进行了简要梳理，为营收计划自愿披露的市场反应研究铺就文献基础。

早期研究发现管理层盈余预测这一事件具有显著的信息含量。例如，Foster（1973）发现个体投资者和市场整体对管理层自愿披露每股收益预测有着明显的交易量和价格变动效应；Patell（1976）证实了盈利预告具有信息含量；而 Jaggi（1978）采用日数据，同样发现管理层盈余预测公告致使投资者调整了预期，具有显著的市场反应。这一结论在 Nichols 和 Tsay（1979）以及 Penman（1980）的研究也得到了验证。这些研究总体认为管理层盈余预测具有信息含量。在识别了管理层盈余预测具有信息含量之后，学者开始进一步研究管理层预测特征的市场反应。承继了 Ball 和 Brown（1968）的消息类型分类方法，研究者将管理层盈余预测的消息类型分为"好消息"和"坏消息"，进一步探寻管理层预测传递的这两类消息是否有明显的市场反应差异。在发达的资本市场，分析师预测也是一种重要的资本市场信息媒介（Healy and Palepu，2001），其提供的预测信息对于形成投资者对公司的一致性预期起到重要作用，在公司管理层发布其盈余预测前，一些分析师已经对其盈余进行了预测，从而形成了一个大致的市场预期，因此，当管理层发布其盈余预测时，就会对市场预期形成一种冲击效应，也即众多研究人员所发现的管理层预测的消息类型效应。管理层盈余预测相对于市场已有的预期，将管理层盈余预测分为"好消息"和"坏消息"两种类型①。国外相关研究普遍将分析师的一致性预测作为市场预期来度量管理层盈余预测的消息类型。Ajinkya 和 Gift（1984）发现管理层预测的发布与收益的巨额变化相

① 理论上市场预期与管理层预测是有可能一致，从而使消息类型既不是"好消息"也不是"坏消息"，而可能是一种中性的消息，但是，市场上分析师众多，都与管理层预测值一致可能性几乎没有，故而，中性消息仅有理论上存在的可能性，此处没有将其单独作为一种消息类型。

关，管理层未预测到的盈利部分与预测期证券的回报正相关。也即管理层发布"好消息"预测，随之市场给出股价上升的反应，管理层发布"坏消息"预测，市场相应作出股价下降的反应。Waymire（1984）同样发现消息类型与市场反应相关，"好消息"有着显著的正向市场回报，而"坏消息"有着显著的负向市场回报。他们的发现与 Patell（1976）、Jaggi（1978）、Nichols 和 Tsay（1979）以及 Penman（1980）不同，后者只是发现市场反应与消息类型的关系只是存在于"好消息"。

国外研究者对于管理层预测的信息含量、预测消息类型与市场反应的关系以及这种关系的影响因素研究有了较为丰富的文献积累，这些研究主题越来越深入，设计越来越精致，结论越来越贴近实际，为其他类型管理层自愿披露的市场反应研究奠定了坚实的文献基础。

我国资本市场的业绩预测主要有盈利预测、业绩预告、业绩快报以及年度报告"管理层讨论与分析"中的预测性信息组成。在盈利预测的市场反应方面，张雁翎和申爱涛（2004）研究表明盈利预测误差与股价变动相关，股价反应程度与管理层预测误差大小相关。于鹏（2007）采用价格模型获得了我国 IPO 公司的预测盈利具有价值相关性的证据，并且价值相关性因预测盈利的准确性、预测盈利的披露方式、IPO 公司的规模以及股权流动性程度而有所不同。关于业绩快报的信息含量，柳木华（2005）发现业绩快报具有显著信息含量，而且业绩快报的披露并没有减少盈利公告的信息含量。前述研究表明盈利预测和业绩快报的披露是具有信息含量的，有着显著的市场反应。

我国上市公司的业绩公告开始于 1998 年的强制性预警制度。薛爽（2001）以 1998 年和 1999 年发行 A 股股票的预亏公告作为研究样本，首次对预亏公告的信息含量进行了实证检验，并发现预亏公告具有显著的信息含量。洪剑峭和皮建屏（2002）发现对那些按照规定作出预警的公司，在预警日市场会对其股价作出负面反应，应预警但未预警的公司在中报公布日将会引起较大的负面市场反应，其下降幅度超过预警公司，说明市场对预警公司普遍做了负面的评价。就公司层面而言，上述预警消息是"坏消息"，虽然还不能基于投资者角度做出明确的好坏之分，但是研究总体表明这类"坏消息"具有负的市场回报。由于从 2001 年年度报告开始有了其他类型的业绩预告消息，如盈利大幅度增长也在预告之列，因此，后续关于业绩预告的研究开始有了预告类型之分。蒋义宏等（2003）对 A 股上市公司 2001 年会计年度业绩预警公告披露前后的市场反应进行了研究，发现公告类型与公告前后平均累计超额收益率的符号及大小有关，业绩预警公告具有信息含量。戴德明等（2005）对我国 2001～2002 年二级市场中上市公司所披露的预测盈余信息（包括单独的预测公告和季度报告中所披露的年度预测盈余信息）的有用性进行了实证检验。研究结果表明上市公司披露的预测盈余信息具有显著的信息含量。杨德明和林斌（2006）研究了业绩预告信息的市场反应，研究发现业绩预告引起了明显的市场反应——市场对"坏消息"反应更为剧烈，市场对于不同属性的业绩预告信息的反应存在显著差异，但研究同时发现中性的预告信息也获得负的累计超额报酬，这说明以"随机游走"模型来度量"未预期盈余"并据以划分业绩消息类型在现有制度环境下存在一定的缺陷。为避免这种问题，本章采用了分析师一致性预测作为市场对公司营业收入的预期。

基于 Ajinkya 和 Gift（1984）、Waymire（1984）以及杨德明和林斌（2006）等国内外研究文献，研究普遍认为管理层盈余预测具有显著的信息含量并且市场对"好消息"和"坏消息"这两种消息类型有不同反应。作为我国资本市场业绩预测体系的构成成分，公司营收计划理应具有信息传递作用，而且，这种信息传递还应因营收计划消息类型的不同而有所差异。具体来说，市场对公司自愿营收计划披露的"好消息"应有正面的反应，而对于"坏消息"则应给予负面的评价。为此本章提出如下假说：

H8－1：资本市场对公司营收计划自愿披露的"好消息"有正面的反应，而对于"坏消息"则给予负面的评价。

H8－2：在其他条件不变的情况下，公司营收计划的消息类型对于短窗口的市场反应有显著的影响。

以下结合我国上市公司数据，对前述假说进行检验。

第三节　研究设计

一、数据来源

由于公司营收计划披露体现在年度报告中，因此年度报告的发布日既有可能是营收计划披露日，也有可能是对上一年度营收计划披露的证实日，故而，从营收计划的披露角度来说，如果上一年度发布了营收计划，而本年度又发布了营收计划，则事件日将会具有双重效应，也即披露效应和证实效应。因此，为了得到干净的披露效应，我们在样本选取时，将 2008 年年度报告中的营收计划披露作为基准，选取 2008 年年度报告中没有披露而在 2009 年年报告中披露了下一年营收计划的公司为事件样本。样本公司的年度分布情况如表 8.1 所示，披露了 2009 年营收计划的公司有 462 家，其中有 215 家下一个年度进行了披露，有 250 家下一年度没有披露。披露了 2010 年营收计划的公司有 357 家，其中有 215 家上年度进行了披露，根据研究设计需要排除。最终获取披露了 2010 年营收计划而上年度没有披露的样本有 142 家，其中有 115 家公司上年度没有披露而本年度进行了披露，有 27 家公司为新增上市公司的披露，这 142 家公司为营收计划自愿披露这一事件研究的初始样本。

表8.1　　　　　　　　　　　　初始样本公司选取情况表

项目 年度	公司总数	披露 公司数	未披露 公司数	上年度 同时披露	上年未披露 本年披露	2010年新增 披露
2009 年	1590	465	1125	——	——	——
2010 年	1750	357	1393	215	115	27
合计	3340	822	2518	215	115	27

根据研究需要，我们对142个初始样本又做了如下的剔除：

（1）剔除金融类上市公司；

（2）剔除研究设计中财务指标数据缺失的公司；

（3）剔除营收计划披露前分析师营业收入预测缺失的公司；

（4）剔除年度报告披露前分析师净利润预测缺失的公司。

经过上述剔除，获取了91个有效观测值。在计算公司日超额收益率时，我们要求公司在事件日前［–150，–21］的估计期窗口至少要有100个交易日数据，在观察期［–20，20］的短时间窗口最低有10个交易日数据，最终获得了73个样本数据。

数据来源为：公司行业变更、财务指标以及财务比率数据来自RESSET金融研究数据库，分析师对公司净利润的预测数据来自Wind中国金融数据库，公司和市场收益率数据来自CSMAR中国股票市场交易数据库，营收计划披露数据来自手工整理和RESSET金融研究数据库。

二、模型设计

为了研究公司营收计划的消息类型对观察期累计超额收益率的影响，我们构建如下的模型：

$$\text{CAR} = \alpha + \beta_1 \times \text{News\_rev} + \beta_2 \times \text{News\_ni} \quad (8-1)$$
$$+ \beta_3 \times \text{Dividend} + \beta_4 \times \text{Size} + \varepsilon$$

其中，CAR为单个公司在［0，0］、［–1，1］以及［0，10］

三个短期窗口的累计超额收益率。News_rev 为前述的营收计划消息类型，"好消息"取值为 1，"坏消息"取值为 0。News_ni 为前述的年度报告的消息类型，"好消息"取值为 1，"坏消息"取值为 0。此外，我们在模型中还控制了公司规模 Size 以及股利政策 Dividend 的影响。公司规模 Size 为公司上年度末总资产的自然对数，股利政策 Dividend 为二值变量，如果公司在报告期年度报告中披露有股利分配预案消息的，那么，取值为 1，否则为 0。

主要变量的计算方式如下：

1. 个股超额收益率的计算

我们采用市场模型来计算个股日超额收益率。首先，以 $[-150, -21]$ 这 130 个交易日考虑现金红利再投资的日个股回报率和考虑现金红利再投资的综合日市场回报率（流通市值加权平均法）用式 $(8-2)$ 计算单个公司在估计期的 α、β 值：

$$R_{i,t} = \alpha_i + \beta_i \times R_{m,t} + \varepsilon_{i,t} \qquad (8-2)$$

其中，$R_{i,t}$ 是第 i 只股票在第 t 天的日收益率，$R_{m,t}$ 是第 t 天的日市场收益率。然后，根据估计出的 α、β 系数，用式 $(8-3)$ 计算事件期 $[-20, 20]$ 个股的日超额收益：

$$AR_{i,t} = R_{i,t} - E[R_{i,t}] = R_{i,t} - (\alpha_i + \beta_i \times R_{m,t}) \qquad (8-3)$$

其中，$AR_{i,t}$ 是股票 i 在第 t 天的超额收益率，$E[R_{i,t}]$ 是根据市场模型估算的股票 i 在第 t 天的期望收益率。

2. 日平均超额收益率的计算

根据前述式 $(8-3)$ 获得观察期 $[-20, 20]$ 个股的日超额收益率后，计算观察期每日平均超额收益如下：

$$AAR_t = \frac{1}{n} \sum_{i=1}^{n} AR_{i,t} \qquad (8-4)$$

3. 平均累计超额收益率的计算

根据研究需要，计算给定期间 $[t_1, t_2]$ 的平均累计超额收益率为：

$$\text{ACAR} = \frac{1}{n} \sum_{i=1}^{n} \text{CAR}_{i,t_1,t_2} \qquad (8-5)$$

其中 $\text{CAR}_{i,t_1,t_2} = \sum_{t=t_1}^{t_2} \text{AR}_{i,t}$。

4. 营业收入消息类型 News_rev

我们利用分析师预测的营业收入作为市场的一致性预期并据以对公司营业计划自愿披露的消息类型进行分组。以营收计划披露日前的市场上分析师对此公司下一年度营业收入预测的平均值作为市场预期，然后将公司披露的营收计划与之对比，如果公司营收计划大于市场预期则认为公司披露的营收计划为"好消息"。如果公司营收计划小于市场预期值，则将此公司的营收计划定义为"坏消息"，低于市场预期，向市场传递了负面的消息。

5. 年度报告消息类型 News_ni

Ball 和 Brown（1968）发现"未预期盈余"具有信息含量，而营收计划在年度报告的"管理层讨论与分析"中披露，因而在判断营收计划消息类型的市场反应时，必须控制住年度报告消息类型的影响。公司年度报告中的信息类型，主要以"未预期盈余"来判断。"未预期盈余"的计算，过去的研究常用随机游走模型（即认为公司预期盈余是上一年度的盈余）或者时间序列模型来估计。本章采用与白晓宇等（2007）相同的方法，利用分析师对公司报告期盈余的预测作为市场预期的盈余。则年度报告中的盈余与分析师预测盈余的差异作为"未预期盈余"，并用以判断年度报告的消息类型。具体地，当年度报告中的净利润大于分析师预测的净利润时，将年度报告视为向市场传递了"好消息"，反之，年度报告汇总的报告期净利润小于分析师之前的预测，则认为其向市场传递了"坏消息"。

第四节　实证检验结果及分析

一、描述性统计分析

表8.2显示，在选取的样本公司中，营收计划消息类型为"好消息"的占比26.03%，说明市场对公司的预期普遍偏高，有2/3以上的公司披露的营收计划低于市场的预期。同样，从年度报告中传递的盈余消息类型来看，市场也过于乐观地估计了公司报告期的净利润，约有60%的公司给市场的"未预期盈余"是负面的消息。

表8.2　　　　　　　　　变量描述性统计

	平均值	标准差	最小值	25%分位	中位数	75%分位	最大值
News_rev	0.2603	0.4418	0	0	0	1	1
News_ni	0.3973	0.4927	0	0	0	1	1
Dividend	0.1644	0.3732	0	0	0	0	1
Size	12.6167	1.1504	10.0597	11.8936	12.4316	13.2050	16.8319

二、组间分析

图8.1为"好消息"与"坏消息"观察期窗口 [−20, 20] 按天的平均超额收益率 AAR 和平均累计超额收益率 ACAR 变动趋势。如图8.1所示，"好消息"组在事件日，也即 t=0 日的平均市场超额收益率为正，而"坏消息"组在事件日获得了负的平均超额收益率。在事件日前的一段时间两种消息类型趋势基本一致，但在 [−1, 1] 事件窗口，"好消息"组的市场超额收益与"坏消息"组方向相反，说明市场有可能识别出了管理层预测与分析师预测的"未预期营业收入"。图8.2为分组公司在 [−20, 20] 时间窗口的平均累计超额

收益率变动图。图8.2显示,事件日后"好消息"组的平均累计超额收益率显示下降,然后上升并且逐渐转正,而"坏消息"组的平均累计超额收益率不断下降,进一步说明公司的营收计划被市场所识别,两类信息在市场上有着截然不同的表现,初步符合我们的假说H8－1。如表8－3所示。

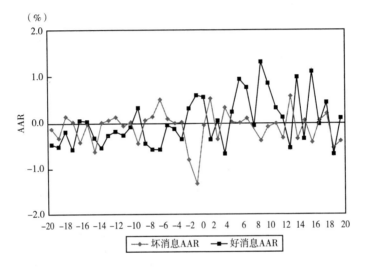

图8.1 观察期分组日平均超额收益率

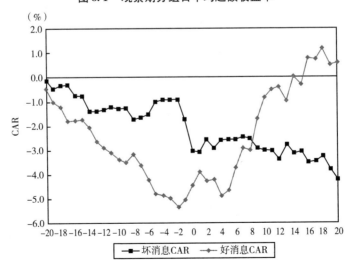

图8.2 观察期分组平均累计超额收益率

表 8.3　"好消息"组和"坏消息"组的日平均超额收益率的差异性检验

交易日	"坏消息"组			"好消息"组			T检验		Wilcoxon 秩和检验	
	AAR	t 值	p 值	AAR	t 值	p 值	t 值	p 值	z 值	p 值
-20	-0.0013	-0.5011	0.6184	-0.0048	-1.3104	0.2065	0.6975	0.4878	-0.4086	0.6828
-19	-0.0034	-1.4922	0.1416	-0.0054	-1.5159	0.1469	0.4465	0.6566	-0.6726	0.5012
-18	0.0014	0.5124	0.6105	-0.0021	-0.5389	0.5966	0.6797	0.4989	-0.8486	0.3961
-17	0.0002	0.0815	0.9353	-0.0058	-1.5280	0.1439	1.1990	0.2345	-1.1126	0.2659
-16	-0.0043	-2.0256	0.0479	0.0005	0.1474	0.8845	-1.1815	0.2413	0.9869	0.3237
-15	-0.0002	-0.1141	0.9096	0.0002	0.0613	0.9518	-0.1110	0.9119	-0.4337	0.6645
-14	-0.0064	-2.3084	0.0249	-0.0033	-1.0597	0.3033	-0.7164	0.4773	1.3641	0.1726
-13	0.0001	0.0392	0.9689	-0.0055	-1.3888	0.1818	1.2231	0.2253	-1.3012	0.1932
-12	0.0006	0.2533	0.8010	-0.0028	-1.0531	0.3062	0.9625	0.3408	-0.7480	0.4544
-11	0.0012	0.5867	0.5599	-0.0019	-0.4828	0.6350	0.7447	0.4589	-0.8612	0.3891
-10	-0.0007	-0.3852	0.7016	-0.0029	-0.6434	0.5281	0.4418	0.6624	-0.6852	0.4932
-9	0.0002	0.0919	0.9271	-0.0010	-0.2182	0.8297	0.2342	0.8155	-0.9366	0.3490
-8	-0.0045	-2.4505	0.0176	0.0032	0.8028	0.4326	-1.9778	0.0518	1.5652	0.1175
-7	0.0006	0.2144	0.8311	-0.0046	-1.1675	0.2582	0.9553	0.3426	-0.7857	0.4320
-6	0.0013	0.5724	0.5695	-0.0058	-1.4841	0.1551	1.6152	0.1107	-1.8418	0.0655
-5	0.0051	2.4037	0.0198	-0.0059	-2.1828	0.0425	2.7978	0.0066	-2.7595	0.0058

续表

交易日	"坏消息"组			"好消息"组			T检验		Wilcoxon 秩和检验	
	AAR	t值	p值	AAR	t值	p值	t值	p值	z值	p值
-4	0.0009	0.2978	0.7670	-0.0006	-0.1982	0.8451	0.3521	0.7261	0.3080	0.7581
-3	-0.0001	-0.0310	0.9754	-0.0013	-0.3817	0.7072	0.3074	0.7595	-0.1194	0.9049
-2	0.0002	0.0880	0.9302	-0.0036	-0.9205	0.3695	0.8049	0.4236	-0.7229	0.4698
-1	-0.0081	-2.8818	0.0057	0.0031	0.3821	0.7068	-1.3150	0.2017	1.9424	0.0521
0	-0.0133	-4.1766	0.0001	0.0060	0.8042	0.4318	-2.3723	0.0258	2.6212	0.0088
1	-0.0005	-0.2320	0.8174	0.0056	1.0104	0.3257	-1.0297	0.3140	0.6977	0.4853
2	0.0054	1.7866	0.0797	-0.0037	-0.8684	0.3966	1.6002	0.1140	-1.3641	0.1726
3	-0.0036	-1.1145	0.2701	0.0005	0.1025	0.9195	-0.6628	0.5096	0.8863	0.3754
4	0.0034	1.2248	0.2261	-0.0068	-1.1151	0.2795	1.7336	0.0873	-1.2258	0.2203
5	0.0001	0.0428	0.9660	0.0023	0.5484	0.5901	-0.4342	0.6655	1.0623	0.2881
6	0.0000	-0.0126	0.9900	0.0094	1.2421	0.2302	-1.1799	0.2505	1.0875	0.2768
7	0.0012	0.5426	0.5897	0.0077	1.5824	0.1310	-1.2292	0.2303	0.9240	0.3555
8	-0.0007	-0.2409	0.8106	-0.0007	-0.1177	0.9076	-0.0031	0.9975	0.6726	0.5012
9	-0.0039	-1.1551	0.2532	0.0132	2.4753	0.0235	-2.6170	0.0108	2.8350	0.0046
10	-0.0009	-0.2867	0.7755	0.0086	1.1390	0.2696	-1.1632	0.2561	0.5217	0.6019
11	-0.0002	-0.1189	0.9058	0.0033	0.5529	0.5872	-0.5622	0.5796	0.6977	0.4853

续表

交易日	"坏消息"组			"好消息"组			T检验		Wilcoxon 秩和检验	
	AAR	t值	p值	AAR	t值	p值	t值	p值	z值	p值
12	-0.0034	-1.5235	0.1336	0.0012	0.2363	0.8158	-0.9592	0.3407	0.8863	0.3754
13	0.0058	1.9664	0.0545	-0.0056	-0.8024	0.4328	1.5048	0.1450	-1.8292	0.0674
14	-0.0034	-1.0764	0.2866	0.0099	1.4307	0.1696	-1.9732	0.0524	1.5401	0.1235
15	0.0006	0.1896	0.8503	-0.0035	-0.6248	0.5400	0.6379	0.5256	-0.3960	0.6921
16	-0.0043	-1.2933	0.2015	0.0110	2.0034	0.0604	-2.3604	0.0210	2.5961	0.0094
17	0.0005	0.1514	0.8803	-0.0004	-0.0569	0.9552	0.1290	0.8978	0.6977	0.4853
18	0.0019	0.7033	0.4849	0.0044	0.7693	0.4517	-0.4382	0.6626	0.8486	0.3961
19	-0.0055	-2.0407	0.0463	-0.0069	-1.0273	0.3179	0.1880	0.8524	-0.8989	0.3687
20	-0.0040	-1.3520	0.1821	0.0010	0.1595	0.8751	-0.8044	0.4239	0.2703	0.7869

　　表8.4为"好消息"组和"坏消息"组观察期窗口平均累计超额收益率情况以及两组的差异性检验。[0，0]为事件日当天的平均累计超额收益，也即事件日当天的平均超额收益率，与表8.3的结果一致。[-1，0]两天的观察期，"坏消息"平均累计超额收益率为-2.14%，"好消息"为0.91%，说明市场上存在"未卜先知"的投资者，存在典型的内幕交易行为。在较长的时间窗口[0，10]和[0，20]，我们发现"坏消息"组的公司平均获取了-1.29%和-2.48%的超额收益率，而"好消息"组在此期间平均获得了4.62%和5.64%的超额收益率并在5%和10%的显著性水平上显著异于0。由于事件日同时也是年报披露日，而年度报告常存在多家上市公司同一天披露的情况，这可能会导致事件日聚集而存在严重的截面相关性，本章按照Boehmer等（1991）的标准化截面相关调整法，对传统的T检验进行修正。计算公式如下[①]：

$$SR_{i,t} = AR_{it}/\hat{\sigma}_{it}; \quad \hat{\sigma}_{it} = \hat{\sigma}_i \sqrt{1 + \frac{1}{T_i} + \frac{(R_{mt} - \bar{R}_m)^2}{\sum_{t \in E}(R_{mt} - \bar{R}_m)^2}};$$

$$SAR_t = \sum_{i=1}^{N} SR_{i,t}/N;$$

$$CSR_{it} = \sum_{t=t1}^{t2} SR_t/(t2 - t1 + 1)^{1/2};$$

$$CSAR_t = \sum_{t=t1}^{t2} SAR_t/(t2 - t1 + 1)^{1/2};$$

$$T_t = CSAR_t/\sqrt{\frac{1}{N(N-1)}\sum_{i=1}^{N}(CSR_t - CSAR_t)^2} \sim t(N-1)$$

$$(8-6)$$

　　其中，N为样本中公司数目；$AR_{i,t}$为公司在事件期内第t日的超

---

① 赵景文和杜兴强（2009）对Boehmer等（1991）的方法做了进一步整理，本处主要参考了他们对标准化截面相关调整法的具体做法。

额收益率；T_i 为 i 公司估计期长度；$R_{m,t}$ 是第 t 日的市场收益率；$\bar{R}_m$ 为估计期市场收益率的简单平均；$\hat{\sigma}_i$ 为 i 公司用估计期数据获得的超额收益率的标准差；E 代表估计期，$SR_{i,t}$ 为 i 公司在事件日内第 t 日的标准化超额收益率。

表8.4　　"好消息"组和"坏消息"组观察期日平均累计超额收益率的差异性检验

窗口	"坏消息"组			"好消息"组			T 检验	Wilcoxon 秩和检验
	ACAR	截面调整 t 值	传统 t 值	ACAR	截面调整 t 值	传统 t 值	t 值	z 值
[0, 0]	-0.0133	-4.4178***	-4.1766***	0.0060	1.4833	0.8042	-2.3723**	2.6212***
[-1, 0]	-0.0214	-4.8904***	-5.0824***	0.0091	2.1488**	0.7053	-2.2484**	2.6338***
[0, 1]	-0.0137	-2.4349**	-3.3398***	0.0116	2.0036*	1.1231	-2.2766**	2.6967***
[-1, 1]	-0.0218	-3.6080***	-4.4321***	0.0147	2.7449**	1.0233	-2.4068**	2.6212***
[0, 10]	-0.0129	-0.3604	-1.2163	0.0421	1.9498*	2.4020**	-2.6628***	2.8853***
[-10, 10]	-0.0179	-1.3491	-1.6480	0.0227	1.7499*	1.0451	-1.8145*	1.6532*
[0, 20]	-0.0248	-0.8448	-1.9527**	0.0564	1.4952	1.8095*	-2.4130**	2.3824**

注：***、**、*分别表示双尾1%、5%和10%的显著性水平。

在 [0, 1] 和 [-1, 1] 窗口，"好消息"组取得了1.16%和1.47%的累积超额收益率，采用标准化截面相关调整法检验发现在10%和5%的显著性水平上显著，这与传统的 t 检验没有发现两者显著有所差异。而同期"坏消息"组取得了 -1.37% 和 -2.18% 的累计超额收益率，均值检验发现两者均在1%的显著性水平上异于0。在较长的 [0, 20] 窗口期，"坏消息"组平均有 -2.48% 的累计超额收益率，标准化截面相关调整法下发现在5%的显著性水平上异于0。

对于表8.4中的各时间窗口，"好消息"组和"坏消息"组平均累计超额收益率的差异性检验发现，不论是均值差异检验还是 Wilcoxon 秩和检验，两类消息除了［－10，10］窗口在 10% 的显著性水平上显著，其他各窗口均在 5% 的显著性水平上有显著差异，说明投资者对营收计划的"好消息"和"坏消息"有着明显的反应差异，投资者识别了消息类型并将此认知反映至股票的价格中，进一步支持了本章的假说 H8－1 和假说 H8－2。

三、回归分析

通过前面的组间分析，我们初步得到支持本章假说的证据。值得注意的是，营收计划是在公司年度报告中披露，虽然我们是按照营收计划的消息类型进行分组，并且分组标准基于分析师一致性预测，但是仍有可能存在年度报告消息类型的影响，为此，还需要进行回归分析以得到更为稳健的结论。表 8.5 为营收计划消息类型对观察期累计超额收益率影响的实证结果。我们分别以 CAR［0，0］、CAR［－1，1］和 CAR［0，10］这三个时间窗口构建了模型的因变量，也即观察期每个公司的累计超额收益率。在没有控制年度报告消息类型的情况下，如表 8.5 第 1、3、5 列回归结果所示，三个窗口的营收计划消息类型 News_rev 对于观察期累计超额收益率有显著影响，消息类型与市场超额收益率正相关，平均而言，"好消息"市场超额收益率比"坏消息"分别高出 1.93%、3.65% 和 5.49%，并在 1% 的显著性水平上差异显著。控制了年度报告消息类型 News_ni、是否发布股利分配预案 Dividend 以及公司规模 Size 等因素后，News_rev 对于观察期累计超额收益率仍有显著影响。在保持其他因素不变的情况下，平均而言，"好消息"市场超额收益率比"坏消息"分别高出 2.2%、4.26% 和 6.43%，并在 1% 的显著性水平上存在显著差异。表 8.5 的回归结果为本章的假说 H8－2 提供了支持。

表8.5 营收计划消息类型对观察期平均超额收益率影响的实证结果

	CAR [0, 0]		CAR [-1, 1]		CAR [0, 10]	
	1	2	3	4	5	6
常数项	-0.0133***	-0.0737***	-0.0218***	-0.1369***	-0.0129	-0.1406
	(-3.7485)	(-2.1526)	(-3.6145)	(-2.4025)	(-1.2215)	(-1.3852)
News_rev	0.0193***	0.0220***	0.0365***	0.0426***	0.0549***	0.0643***
	(2.7798)	(3.169)	(3.0844)	(3.6841)	(2.6628)	(3.1229)
News_ni		-0.0065		-0.0185*		-0.0263
		(-1.0468)		(-1.7778)		(-1.4215)
Dividend		0.0039		0.0047		0.0260
		(0.4802)		(0.3499)		(1.0776)
Size		0.0049		0.0095**		0.0104
		(1.8329)		(2.1436)		(1.318)
样本数	73	73	73	73	73	73
R^2	9.82%	16.60%	11.82%	22.39%	9.08%	16.38%
ADJ. R^2	8.54%	11.69%	10.57%	17.83%	7.80%	11.47%
F 值	7.7272***	3.3831**	9.5133***	4.9056***	7.0905***	3.3312**

注：括号内为回归系数对应的t值；***、**、*分别表示1%、5%和10%的显著性水平。

四、稳健性检验

事件研究的主要缺点就是实证结果对事件窗口的选择具有较强的敏感性，为此，我们尝试以 CAR [-3, 3]、CAR [0, 1] 和 CAR [0, 20] 这三个窗口作为因变量进行回归，研究结果如表8.6所示，回归结果与表8.5基本一致，营收计划的消息类型与市场超额收益率正相关，"好消息"与"坏消息"的超额收益率差异显著，结论没有实质性改变。

表8.6 稳健性检验结果

	CAR [-3, 3]		CAR [0, 1]		CAR [0, 20]	
	1	2	3	4	5	6
常数项	-0.0199 ** (-2.4635)	-0.1720 *** (-2.2453)	-0.0137 *** (-2.9159)	-0.1075 *** (-2.3596)	-0.0248 * (-1.7242)	-0.1140 (-0.7989)
News_rev	0.0265 * (1.6742)	0.0343 *** (2.2083)	0.0253 *** (2.747)	0.0283 *** (3.0629)	0.0812 *** (2.8781)	0.0889 *** (3.071)
News_ni		-0.0225 (-1.6065)		-0.0046 (-0.5509)		-0.0207 (-0.7956)
Dividend		0.0081 (0.4425)		0.0029 (0.2653)		0.0275 (0.8085)
Size		0.0125 ** (2.0942)		0.0075 ** (2.1073)		0.0072 (0.6481)
样本数	73	73	73	73	73	73
R²	3.80%	14.45%	9.61%	16.23%	10.45%	13.05%
ADJ. R²	2.44%	9.42%	8.33%	11.30%	9.19%	7.94%
F 值	2.8030 *	2.8714 **	7.5459 ***	3.2929 **	8.2832 ***	2.5525 **

注：括号内为回归系数对应的 t 值；*** 、 ** 、 * 分别表示1%、5%和10%的显著性水平。

第五节　本章小结

本章采用单变量检验与多元回归分析相结合的实证方法，较为系统地研究了我国上市公司营收计划披露的公告效应。单变量分析发现，事件日当天，"坏消息"组的营收计划披露公司均有较强的市场反应，并且"好消息"组的营收计划自愿披露公司获得了正的超额收益率，而"坏消息"组获得了负的超额收益率，两者在5%的显著性水平上存在显著差异。由于营收计划是在年报中的披露，年度报告的消息类型也会存在市场反应，我们还需要剥离公司年度报告披露的影响。为此，我们采用回归分析的方法，控制了年度报告净利润的消息类型以及年度报告中是否有股利预案等可能具有市场反应的因素。回归分析结果支持了本章的假说 H8 - 2，公司营收计划的消息类型对于公司短期超额收益率有显著影响，也即，相对于"坏消息"的公司营收计划，"好消息"的公司营业收入获得了更高的超额收益率，说明市场对于公司营收计划传递出的信息有所反应。

第九章 主要结论与启示

在理论分析、文献回顾和实证研究的基础上，本章首先对研究的主要结论进行归纳和总结，接着根据这些研究结论提出研究启示，最后指出本书的局限和未来可能的研究方向。

第一节 主要研究结论

本书研究我国上市公司营收计划披露问题，主要研究营收计划披露的影响因素、营收计划实现特征、营收计划准确度以及营收计划类型的市场反应这样四个问题，并得出如下结论：

（1）本书基于高层梯队理论和代理理论，研究了董事长个人特征和代理成本对管理层营收计划披露的影响。以 2008～2010 年 A 股上市公司为样本，研究发现，公司董事长年龄、性别以及股权代理成本与营收计划披露相关。董事长年龄越大、董事长为女性以及股权代理成本越小的公司，其披露营收计划的可能性越大。研究还发现公司规模、董事长和总经理两职合一以及交叉上市对公司营收计划披露也有显著的影响。其研究意义不仅在于丰富和拓展了国内外相关研究成果，而且有助于我们从管理者特征方面来理解我国上市公司的披露行为。

（2）本书基于我国上市公司数据，运用实证研究方法发现，公司收入操纵程度越大，公司营业收入计划实现程度越高。相对于非政府控制公司，政府控制公司的收入操纵程度对营业收入计划实现程度的影响更大。此外，所处行业营业收入平均增长水平越高、第一大股东持股比例越高以及当期有兼并重组事项的公司，其营收计划实现程度也越高。

（3）本书通过企业营业收入计划的实现程度这一视角，研究在不同的政府干预环境下，地方企业的收入操纵行为对其营收计划实现程度的影响。本书以沪深两市披露了 2009 年或 2010 年营业收入计划的 A 股上市公司为样本，研究发现，地方政府干预环境对于收入操纵对营收计划实现程度的影响具有调节作用，即相对于政府干预较弱地区的上市公司，政府干预较强地区的上市公司的收入操纵对营收计划实现程度的影响更大，进一步分析发现，前述影响主要存在于政府控制公司。

（4）本书分析了会计信息可比性与营收计划准确度这一特征的关系，并考察两者之间的关系在不同的内部信息环境和外部信息环境下是否存在差异。研究发现，可比性越高的公司，其营收计划准确度越高；可比性与营收计划准确度之间的正向关系在较好的内部信息环境或较好的外部信息环境下更显著。研究结果说明，可比性对营收计划准确度起到决定性作用，这一作用在较好的内外部信息环境下更强，这为提高我国上市公司营收计划的质量指明了方向。

（5）本书采用我国上市公司 2009～2010 年的年度数据，以分析师一致性预测作为市场预期来判断公司营收计划披露的消息类型，研究了资本市场对公司营收计划消息类型的反应。研究发现，不论公司营收计划传递的是"好消息"还是"坏消息"，市场对公司营收计划披露均有显著的反应。具体地，市场在短窗口内对"好消息"类型的营收计划给予了正面的评价，而对"坏消息"类型的营收计划给予了负面的评价，回归分析结果表明，营收计划消息类型对于短时间窗口的累计超额收益率有显著的影响，"好消息"比"坏消息"有更大的累计超额收益率。

第二节　研究启示

根据本书的研究结论，可以得到以下启示：

第一，政府控制公司与政府存在着天然的联系，满足政府的经济以及政治需要是政府控制公司的重要任务，而由于政府控制公司管理层的任命与晋升决策权仍在较大程度上取决于政府，政府控制公司管理层也愿意满足政府的需要。政府对扩大公司规模的经济政治需求在一定程度上刺激着政府控制公司的经济行为，相对于非政府控制公司，政府控制公司更有动机去设法获取营业收入的超计划增长，实施跨越式的规模扩张路径选择。在转型经济中，政府能够主导重要资源的配置，进而对政府控制公司的行为施加重要影响。

第二，为了满足以指标为导向的政绩观的需要，地方政府有着强烈地做大做强地方企业的动机，由于政府控制着关键资源，企业也有通过收入操纵等手段使其营业收入得到跨越式增长的行为，进而支持地方政府实现其经济目标，不论这种支持是主动的还是被动的过程，这种支持在政府干预较强的地区更为严重。

第三，会计信息可比性越高的公司，其营收计划的准确度也越高。管理层在预测未来期间的营业收入时，需要纵向分析公司历史信息和横向参考行业信息，进而得到较为准确的营收计划。说明会计信息可比性是影响公司营收计划准确度的重要因素。内部信息环境越好的公司，其会计信息可比性与营收计划准确度之间的正向关系越显著。说明在财务报告质量较低的环境下，管理层探寻真实业绩增长能力需要耗费大量的精力，增加了公司真实财务信息与同行业其他公司财务信息进行比较的难度，限制了管理层利用历史信息和行业信息做出准确预测的能力发挥。外部信息环境越好的公司，其会计信息可比性与营收计划准确度之间的正向关系越显著。说明有着更多分析师预测的公司，管理层在判断公司以及行业整体发展趋势时有着更为丰富的外部信息环境，而丰富的外部信息环境，为公司管理层提供了更为准确的行业分析信息，进而提升了管理层基于可比行业信息做出准确预测的能力。

第四，对于投资者而言，根据市场既有的分析师预测信息来判断，购入"好消息"的公司营收计划类型的股票，并进行短期持有将具有正向的超额收益率。对于公司管理层而言，研究结果表明，投资者将会根据管理层预测的信息与市场既有的一致性预测来判断公司营收计划的消息类型，并给予不同的评价，由于公司管理层能够预期这种市场反应，则在进行自愿披露时应充分考虑市场既有预测的影响。

第五，对于资本市场监管机构而言，营收计划虽然作为"管理层讨论与分析"的重要组成部分，应强制性地披露，但是从上市公司披露实践来看，公司并没有执行或者选择性地披露从而将其变成了自愿披露。我们的研究表明，市场对于营收计划的披露给予了评价，并能够识别公司营收计划的消息类型，说明市场需要这样的信息，但是由于监管仍存在盲点，公司并没有很好地对此进行披露，因而很可能存在误导性披露。作为五部委联合制定的《内部控制应用指引》中的重要组成部分，全面预算管理是做好公司内部控制的重要方面。如果公司内部控制健全、全面预算管理落实到位，那么管理层完全具有公司下一年度营收计划的信息，在此情况下，上市公司如果置监管部门的披露要求而不顾，不重视公司与广大投资者的信息沟通或者有误导性披露行为，那么，监管部门应本着保护投资者利益的宗旨，以提高上市公司信息透明度为目标，督促其不打折扣地执行披露规定，并对有违披露要求的公司给予应有的惩戒，使资本市场信息环境得以不断改善。

第三节　研究局限及未来研究方向

受限制于研究能力与学识水平，本书不免存在一些不同程度上的局限，例如：（1）管理者的个人特征刻画不全面。管理者个人特征不仅包括其年龄和性别，管理者的出身、工作经历以及教育背景等都对其形成独特的心理认知能力并作出决策有着影响，虽然本书是基于管理者的风险规避特征研究而只考虑了其年龄和性别，既有研究也主要从年龄和性别等方面对管理者的风险规避特点进行刻度，但是很明显管理者的风险规避特征还没有形成统一的衡量方法，本书中所采用的度量方法可能只是风险规避特征的部分方面。（2）限于搜索能力的限制，本书没有对企业所受的政府干预程度作出准确的度量，而是采用了地区的政府干预水平，而实际上，即使是同一地区，不同的企业也会因与政府的关系不同而受到政府的干预程度不同，特别是民营企业可能会存在政治联系，而政治联系也有可能成为政府干预企业的一个渠道。对于同一地区的政府控制企业，也会存在企业级别以及规模的不同而导致不同的政府干预水平。（3）本书关于营收计划消息类型的市场反应研究，虽然考虑到了审计意见类型以及股利发放等信息披露的影响，但由于营收计划依存于公司年报，公司年报本身信息含量丰富，而且上市公司在年报发布日前后信息披露较为频繁，而本书的研究并没有涵盖所有可能影响股价的事件，使本书关于营收计划消息类型的市场反应可能存在偏差。以上方面，限于数据收集的浩繁，本书没有进行更为细致的考量，这些还有待在进一步研究中改进。

此外，本书不能排除一切实证研究的固有缺陷。尽管本书的实证检验是建立在理论分析以及大量研究文献的基础之上，但由于经验结论可能是多种因素交互作用的结果，而本书又无法一一识别和分离出这些因素，因此，本书的研究结论是否真正反映了或者在多大程度上反映了我国上市公司营收计划披露行为的真相，本书并没有充分的把握。因此，本书的研究结论不能排除"盲人摸象"的研究陷阱，但基于实证研究在于知识积累和知识整合的一个过程，我们将承认和正确看待这些研究局限，并在后续的研究中加以改进。

译名对照表

A

Aboody	阿布迪
Akerlof	阿克尔洛夫
Ajinkya	阿金克雅
Ali	阿里
Allen	阿伦
Almeida	阿尔梅达
Anilowski	阿尼洛夫斯基
Ang	昂
Atiase	爱舍尼斯

B

Baginski	巴金斯基
Baik	鲍伊克
Ball	鲍尔
Bamber	班伯
Barako	巴拉科
Barth	巴斯
Basu	巴苏
Bergman	伯格曼
Bertrand	伯特兰
Beyer	拜尔

Biddle	比德尔
Blattberg	布拉特伯格
Blevins	布莱文斯
Boehmer	伯默尔
Botosan	博特森
Boycko	博伊科
Branson	布兰森
Breesch	布雷施
Brennan	布伦南
Brochet	布罗谢
Brown	布朗
Bryan	布赖恩

C

Cao	卡奥
Chau	邹
Chen	陈
Cheng	郑
Cheon	千
Choi	崔
Chow	乔
Clarkson	克拉克森

Clement	克莱门特	**H**	
Coller	科勒	Hambrick	汉布里克
Cooke	库克	Haniffa	哈尼法
Cormier	科米尔	Hassell	哈塞尔
Cotter	科特	Healy	希利
Courtenay	康特奈	Heflin	赫夫林
D		Hilary	希拉里
Darrough	韦雷基亚	Hirst	赫斯特
De Franco	德弗朗哥	Holthausen	霍尔特豪森
Dechow	德肖	Houston	休斯敦
Demerjian	邓默吉安	Hribar	赫里巴尔
Desai	德赛	Hughes	休斯
E		Hui	胡伊
Edwards	爱德华兹	Hutton	赫顿
El – Gazzar	艾尔戛扎	**J**	
Eng	恩格	Jackson	杰克逊
F		Jaggi	雅吉
Feltham	费尔特姆	Jennings	詹宁斯
Ferguson	弗格森	Jensen	詹森
Forker	福克	Jones	琼斯
Foster	福斯特	**K**	
Francis	弗朗西斯	Kadan	卡丹
G		Kahneman	卡内曼
Gift	吉夫特	Karamanou	卡拉马诺
Gigler	吉格勒	Kasznik	卡兹尼克
Gonedes	戈莱德	King	金
Gray	格雷	Kothari	科塔里

Kross	克罗斯	Nichols	尼克尔斯
L		Noe	诺埃
Lang	朗	**P**	
Leuz	洛茨	Pae	贝儿
Lev	列弗	Palepu	帕利普
Libby	利比	Patell	帕特尔
Lundholm	伦德霍尔姆	Penman	彭曼
Lustgarten	卢斯特加登	Pownall	波纳尔
M		Pyo	朴
Mak	马克	**R**	
Malmendier	马尔门迪尔	Rajgopal	罗基戈帕
Martinez	马丁内斯	Roland	罗兰
Mason	梅逊	Roychowdhury	罗伊乔杜里
Matsumoto	松本	Ruland	卢兰德
McNichols	麦克尼科尔斯	**S**	
McVay	麦克维	Sansing	桑森
Meckling	麦克林	Sappington	萨平顿
Meek	米克	Schadewitz	沙德维茨
Mei	梅伊	Schoar	斯考尔
Milbourn	米尔本	Shleifer	施莱弗
Miller	米勒	Singhvi	辛格维
Mitchell	米切尔	Skinner	斯金纳
Morse	摩尔斯	Soffer	索弗
N		Stiglitz	施蒂格利茨
Nagar	纳加尔	Stocken	斯托肯
Narayanamoorthy	纳拉亚纳穆尔蒂	Stoughton	斯托顿
Newman	纽曼	Stubben	司徒本

T

Tan	谭	Wang	王
Tate	塔特	Waymire	维迈尔
Trueman	特鲁曼	Williams	威廉姆斯
Tsay	蔡	Williamson	威廉姆森
Tung	童	Wong – Boren	王博伦
Tversky	特沃斯基		

V

Xiao 肖

Xie 谢

Vafeas	瓦费斯
Verrecchia	韦雷基亚
Verrecchia	维里克查尔
Vishny	维希里

W

Ziebart 齐巴特

Wagenhofer 瓦根霍夫

参 考 文 献

[1] 白晓宇，钟震，宋常．分析师盈利预测之于股价的影响研究 [J]．审计研究，2007，(1)：91－96.

[2] 薄仙慧，吴联生．国有控股与机构投资者的治理效应：盈余管理视角 [J]．经济研究．2009，(2)：81－91.

[3] 蔡地，万迪昉．民营企业家政治关联、政府干预与多元化经营 [J]．当代经济科学．2009，(6)：17－22.

[4] 蔡地，万迪昉．政府干预、管理层权力与国企高管薪酬－业绩敏感性 [J]．软科学．2011，(9)：94－98.

[5] 陈德球，雷光勇，肖童姝．Ceo 任期、终极产权与会计盈余质量 [J]．经济科学．2011，(2)：103－116.

[6] 陈冬华．地方政府、公司治理与补贴收入——来自我国证券市场的经验证据 [J]．财经研究．2003，(9)：15－21.

[7] 陈凌云，潘端莲，纪德兰．市场化进程、政府干预与企业对外担保 [J]．北京工商大学学报（社会科学版）．2011，(3)：39－45.

[8] 陈晓，李静．地方政府财政行为在提升上市公司业绩中的作用探析 [J]．会计研究．2001，(12)：20－28.

[9] 陈信元，黄俊．政府干预、多元化经营与公司业绩 [J]．管理世界．2007，(1)：92－97.

[10] 程仲鸣．终极控制人的控制权、现金流权与企业投资——基于中国上市公司的经验证据 [J]．经济与管理研究．2010，(8)：51－60.

［11］程仲鸣，夏新平，余明桂．政府干预、金字塔结构与地方国有上市公司投资［J］．管理世界．2008，(9)：37－47．

［12］戴德明，毛新述，姚淑瑜．上市公司预测盈余信息披露的有用性研究——来自深圳、上海股市的实证证据［J］．中国会计评论，2005，3(2)：253－272．

［13］丁明智，李燕．危机环境下股权集中和制衡、政府干预与企业绩效——基于生物医药上市公司经验数据［J］．财经论丛．2011，(1)：95－100．

［14］樊纲，王小鲁，朱恒鹏．中国市场化指数：各地区市场化相对进程2009年报告［M］．北京：经济科学出版社，第一版：2009，259－288．

［15］方红星，孙鬻，金韵韵．公司特征、外部审计与内部控制信息的自愿披露——基于沪市上市公司2003－2005年年报的经验研究［J］．会计研究．2009，(10)：44－52．

［16］方军雄．政府干预、所有权性质与企业并购［J］．管理世界．2008，(9)：118－123．

［17］高雷，何少华，仪垂林．国家控制、政府干预、银行债务与资金侵占［J］．金融研究．2006，(6)：90－98．

［18］郭娜．管理层业绩预告误差与盈余管理——基于中国上市公司的经验证据［J］．经济经纬．2010，(6)：76－80．

［19］郝颖，刘星．政府干预、资本投向与结构效率［J］．管理科学学报．2011，(4)：52－73．

［20］何卫东．上市公司自愿性信息披露研究［R］．深交所研究报告：2003，3－61．

［21］何威风，刘启亮．我国上市公司高管背景特征与财务重述行为研究［J］．管理世界．2010，(7)：144－155．

［22］洪剑峭，皮建屏．预警制度的实证研究——一项来自中国股市的证据［J］．证券市场导报．2002，(9)：4－14．

［23］黄成．行为决策理论及决策行为实证研究方法探讨［J］．经济经纬．2006，(5)：102－105.

［24］黄世忠．收入操纵的九大陷阱及其防范对策（下）［J］．中国注册会计师．2004，(3)：34－37.

［25］黄兴孪，沈维涛．政府干预、内部人控制与上市公司并购绩效［J］．经济管理．2009，(6)：70－76.

［26］蒋义宏，董驯，杨霞．业绩预替公告的信息含量［J］．中国会计与财务研究．2003，5(4)：145－163.

［27］雷光勇，刘慧龙．大股东控制、融资规模与盈余操纵程度［J］．管理世界．2006，(1)：129－136.

［28］黎凯，叶建芳．财政分权下政府干预对债务融资的影响——基于转轨经济制度背景的实证分析［J］．管理世界．2007，(8)：23－34.

［29］李寿喜．产权、代理成本和代理效率［J］．经济研究．2007，(1)：102－113.

［30］李增泉，卢文彬．会计盈余的稳健性：发现与启示［J］．会计研究，2003，(02)：19－27.

［31］李亚静，朱宏泉．政府干预、股权性质和盈余操纵——基于首次发行股票的实证研究［J］．软科学．2010，(8)：58－64.

［32］李跃，宋顺林，高雷．债务结构、政府干预与市场环境［J］．经济理论与经济管理．2007，(1)：23－28.

［33］林斌，饶静．上市公司为什么自愿披露内部控制鉴证报告？［J］．会计研究．2009，(2)：45－52.

［34］林毅夫，蔡昉，李周．现代企业制度的内涵与国有企业改革方向［J］．经济研究．1997，(7)：3－10.

［35］林毅夫，李志赟．政策性负担、道德风险与预算软约束［J］．经济研究．2004，(2)：17－27.

［36］刘凤委，孙铮，李增泉．政府干预、行业竞争与薪酬契

约——来自国有上市公司的经验证据［J］. 管理世界. 2007，（9）：76-84.

［37］柳木华. 业绩快报的信息含量：经验证据与政策含义［J］. 会计研究. 2005，（7）：39-43.

［38］刘星，安灵. 大股东控制、政府控制层级与公司价值创造［J］. 会计研究. 2010，（1）：69-78.

［39］刘星，吴雪姣. 政府干预、行业特征与并购价值创造——来自国有上市公司的经验证据［J］. 审计与经济研究. 2011，（6）：95-103.

［40］刘芍佳，孙霈，刘乃全. 终极产权论、股权结构及公司绩效［J］. 经济研究. 2003，（4）：51-62.

［41］罗党论，唐清泉. 政府控制、银企关系与企业担保行为研究——来自中国上市公司的经验证据［J］. 金融研究. 2007，（3）：151-161.

［42］罗炜，朱春艳. 代理成本与公司自愿性披露［J］. 经济研究. 2010，（10）：143-155.

［43］马忠，刘宇. 企业多元化经营受政府干预、企业资源的影响［J］. 中国软科学. 2010，（1）：116-127.

［44］马忠，吴翔宇. 金字塔结构对自愿性信息披露程度的影响：来自家族控股上市公司的经验验证［J］. 会计研究. 2007，（1）：44-50.

［45］梅丹. 政府干预、预算软约束与过度投资——基于我国国有上市公司2004-2006年的证据［J］. 软科学. 2009，（11）：114-117.

［46］潘红波，夏新平，余明桂. 政府干预、政治关联与地方国有企业并购［J］. 经济研究. 2008，（4）：41-52.

［47］乔旭东. 上市公司年度报告自愿披露行为的实证研究［J］. 当代经济科学. 2003，（2）：74-78.

［48］施丹，程坚．审计师性别组成对审计质量、审计费用的影响——来自中国的经验证据［J］．审计与经济研究．2011，（9）：38－46.

［49］宋玉，李卓．最终控制人特征与上市公司现金股利政策［J］．审计与经济研究．2007，（5）：106－112.

［50］孙铮，刘凤委，李增泉．市场化程度、政府干预与企业债务期限结构——来自我国上市公司的经验证据［J］．经济研究．2005，（5）：52－63.

［51］唐雪松，周晓苏，马如静．政府干预、GDP 增长与地方国企过度投资［J］．金融研究．2010，（8）：33－48.

［52］王济川，郭志刚．Logistic 回归模型——方法与应用［M］．北京：高等教育出版社：2001，65.

［53］王俊秋，张奇峰．政府控制、制度环境与上市公司财务重述行为［J］．经济管理．2010，（4）：11－19.

［54］王艳艳．政府管制、所有权安排与会计师事务所选择［D］．厦门大学博士论文．2007.

［55］王烨．最终控制人、股权控制链与资金侵占——来自我国上市公司的经验证据［J］．山西财经大学学报．2009，（8）：116－124.

［56］王玉涛，王彦超．业绩预告信息对分析师预测行为有影响吗［J］．金融研究．2012，（6）：193－206.

［57］巫升柱．中国上市公司年度报告自愿披露影响因素的实证分析［J］．当代财经．2007，（8）：121－124.

［58］吴文锋，吴冲锋，芮萌．中国上市公司高管的政府背景与税收优惠［J］．管理世界．2009，（3）：134－142.

［59］伍中信，李芬．国有控股、投资效率与信贷资源配置［J］．财经问题研究．2010，（11）：50－55.

［60］夏立军．盈余管理计量模型在中国股票市场的应用研究

[J]．中国会计与财务研究．2003，5（2）：94－122．

　[61] 肖浩，夏新平．政府干预、政治关联与权益资本成本 [J]．管理学报．2010，（6）：921－929．

　[62] 肖作平．所有权和控制权的分离度、政府干预与资本结构选择——来自中国上市公司的实证证据 [J]．南开管理评论．2010，（5）：144－152．

　[63] 肖作平，田小辉．政府关系对公司债务政策的影响——来自中国上市公司的经验证据 [J]．证券市场导报．2010，（12）：46－52．

　[64] 辛清泉，孔东民，郝颖．公司透明度与股价波动性 [J]．金融研究，2014，（10）：193－206．

　[65] 辛清泉，林斌，王彦超．政府控制、经理薪酬与资本投资 [J]．经济研究．2007，（8）：110－122．

　[66] 辛清泉，郑国坚，杨德明．企业集团、政府控制与投资效率 [J]．金融研究．2007，（10）：123－142．

　[67] 徐向艺，宋理升．上市公司实际控制人与信息披露透明度研究 [J]．经济管理．2009，（10）：59－66．

　[68] 徐一民，张志宏．产品市场竞争、政府控制与投资效率 [J]．软科学．2010，（12）：19－23．

　[69] 薛爽．预亏公告的信息含量 [J]．中国会计与财务研究．2001，3（3）：117－143．

　[70] 杨德明，林斌．业绩预告的市场反应研究 [J]．经济管理．2006，（16）：26－31．

　[71] 杨孙蕾，许慧，许家林．产权性质、信息风险与企业长期借款——来自中国上市公司的经验证据 [J]．江西财经大学学报．2011，（2）：19－28．

　[72] 杨勇，方世建，缪柏其．绩效考核机制与 CEO 更换——基于上市公司终极产权的视角 [J]．经济管理．2009，（2）：49－56．

　[73] 姚耀军．政府干预、银行中介发展与经济增长 [J]．财经

问题研究.2010,（8）：52-58.

[74] 于鹏.IPO公司预测盈利的价值相关性［J］.会计研究.2007,（6）：76-82.

[75] 袁淳等.国有产权、政府干预与财务困境成本［J］.证券市场导报.2010,（2）：68-73.

[76] 曾庆生,陈信元.国家控股、超额雇员与劳动力成本［J］.经济研究.2006,（5）：74-86.

[77] 张纯,吕伟.机构投资者、终极产权与融资约束［J］.管理世界.2007,（11）：119-126.

[78] 张功富.政府干预、政治关联与企业非效率投资——基于中国上市公司面板数据的实证研究［J］.财经理论与实践.2011,（3）：24-30.

[79] 张洪辉,王宗军.政府干预、政府目标与国有上市公司的过度投资［J］.南开管理评论.2010,（3）：101-108.

[80] 张然,张鹏.中国上市公司自愿业绩预告动机研究［J］.中国会计评论.2011,（1）：3-20.

[81] 张学勇,廖理.股权分置改革、自愿性信息披露与公司治理［J］.经济研究.2010,（4）：28-39.

[82] 张雁翎,申爱涛.公司管理层盈利预测误差的市场反应研究［J］.经济管理.2004,（22）：80-88.

[83] 张宗新,张晓荣,廖士光.上市公司自愿性信息披露行为有效吗?——基于1998-2003年中国证券市场的检验［J］.经济学（季刊）.2005,（1）：369-386.

[84] 赵景文,杜兴强.经验会计与财务研究基础［M］.厦门：厦门大学出版社,第一版：2009,190-232.

[85] 赵宇龙.会计盈余披露的信息含量——来自上海股市的经验证据［J］.经济研究.1998,（7）：41-49.

[86] 郑石桥,许莉.政府干预对审计处理执行效率影响研究

[J]．江西财经大学学报．2011，（1）：19－23．

[87] 钟海燕，冉茂盛，文守逊．政府干预、内部人控制与公司投资 [J]．管理世界．2010，（7）：98－108．

[88] 周黎安．中国地方官员的晋升锦标赛模式研究 [J]．经济研究．2007，（7）：36－50．

[89] 周勤，徐捷，程书礼．中国上市公司规模与债务融资关系的实证研究 [J]．金融研究．2006，（8）：41－55．

[90] 周仁俊，杨战兵，李礼．管理层激励与企业经营业绩的相关性——国有与非国有控股上市公司的比较 [J]．会计研究．2010，（12）：69－75．

[91] 祝继高，陆正飞．产权性质、股权再融资与资源配置效率 [J]．金融研究．2011，（1）：131－148．

[92] 朱家谊．政府干预与企业债务期限结构研究——来自我国上市公司的经验数据 [J]．财经科学．2010，（10）：88－95．

[93] Aboody, D., and R. Kasznik．2000. CEO Stock Option Awards and the Timing of Corporate Voluntary Disclosures [J]．Journal of Accounting and Economics. 29（1）：73－100.

[94] Akerlof, G. A. 1970. The Market for "Lemons"：Quality Uncertainty and the Market Mechanism [J]．The Quarterly Journal of Economics. 84（3）：488－500.

[95] Ajinkya, B. B., and M. J. Gift. 1984. Corporate Managers' Earnings Forecasts and Symmetrical Adjustments of Market Expectations [J]．Journal of Accounting Research. 22（2）：425－444.

[96] Ajinkya, B., S. Bhojraj, and P. Sengupta. 2005. The Association between Outside Directors, Institutional Investors and the Properties of Management Earnings Forecasts [J]．Journal of Accounting Research. 43（3）：343－376.

[97] Ali, A., T. Y. Chen, and S. Radhakrishnan. 2007. Corpo-

rate Disclosures by Family Firms [J]. Journal of Accounting and Economics. 44 (1 – 2): 238 – 286.

[98] Allen, F., J. Qian, and M. Qian. 2005. Law, Finance, and Economic Growth in China [J]. Journal of Financial Economics. 77 (1): 57 – 116.

[99] Almeida, H., M. Campello, and M. S. Weisbach. 2004. The Cash Flow Sensitivity of Cash [J]. The Journal of Finance. 59 (4): 1777 – 1804.

[100] Anilowski, C., M. Feng, and D. J. Skinner. 2007. Does Earnings Guidance Affect Market Returns? The Nature and Information Content of Aggregate Earnings Guidance [J]. Journal of Accounting and Economics. 44 (1 – 2): 36 – 63.

[101] Ang, J. S., R. A. Cole, and J. W. Lin. 2000. Agency Costs and Ownership Structure [J]. The Journal of Finance. 55 (1): 81 – 106.

[102] Atiase, R., H. Li, S. Supattarakul, and S. Tse. 2005. Market Reaction to Multiple Contemporaneous Earnings Signals: Earnings Announcements and Future Earnings Guidance [J]. Review of Accounting Studies. 10 (4): 497 – 525.

[103] Baginski, S. P. 1987. Intraindustry Information Transfers Associated with Management Forecasts of Earnings [J]. Journal of Accounting Research. 25 (2): 196 – 216.

[104] Baginski, S. P., E. J. Conrad, and J. M. Hassell. 1993. The Effects of Management Forecast Precision on Equity Pricing and on the Assessment of Earnings Uncertainty [J]. The Accounting Review. 68 (4): 913 – 927.

[105] Baginski, S. P., and J. M. Hassell. 1990. The Market Interpretation of Management Earnings Forecasts as a Predictor of Subsequent

Financial Analyst Forecast Revision [J] . The Accounting Review. 65 (1): 175 – 190.

[106] Baginski, S. , and J. Hassell. 1994. Some Evidence on the News Content of Preliminary Earnings Estimates [J] . Accounting Review. 69 (1): 265 – 271.

[107] Baginski, S. P. , and J. M. Hassell. 1997. Determinants of Management Forecast Precision [J] . The Accounting Review. 72 (2): 303 – 312.

[108] Baginski, S. P. , J. M. Hassell, and M. D. Kimbrough. 2002. The Effect of Legal Environment on Voluntary Disclosure: Evidence from Management Earnings Forecasts Issued in U. S. and Canadian Markets [J] . The Accounting Review 77 (1): 25 – 50.

[109] Baginski, S. P. , J. M. Hassell, and M. D. Kimbrough. 2004. Why Do Managers Explain Their Earnings Forecasts? [J] . Journal of Accounting Research. 42 (1): 1 – 29.

[110] Baik, B. O. K. , D. B. Farber, and S. A. M. Lee. 2011. CEO Ability and Management Earnings Forecasts [J] . Contemporary Accounting Research. 28 (5): 1645 – 1668.

[111] Bailey, W. , H. Li, C. X. Mao, and R. Zhong. 2003. RegulationFair Disclosure and Earnings Information: Market, Analyst, and Corporate Responses [J] . The Journal of Finance. 58 (6): 2487 – 2514.

[112] Ball, R. , and P. Brown. 1968. An Empirical Evaluation of Accounting Income Numbers [J] . Journal of Accounting Research. 6 (2): 159 – 178.

[113] Bamber, L. S. , J. John, and W. Isabel Yanyan. 2010. What's My Style? The Influence of Top Managers on Voluntary Corporate Financial Disclosure [J] . Accounting Review. 85 (4): 1131 – 1162.

[114] Bamber, L. S. , and Y. S. Cheon. 1998. Discretionary Man-

agement Earnings Forecast Disclosures: Antecedents and Outcomes Associ-
ated with Forecast Venue and Forecast Specificity Choices [J]. Journal of
Accounting Research. 36 (2): 167 – 190.

[115] Barako, D. G., P. Hancock, and H. Y. Izan. 2006. Factors
Influencing Voluntary Corporate Disclosure by Kenyan Companies [J].
Corporate Governance: An International Review. 14 (2): 107 – 125.

[116] Barth, M E. 2013. 财务报告的全球可比性——是什么、
为什么、如何做以及何时实现 [J]. 会计研究, 2013 (5): 3 – 10.

[117] Basu, S. 1997. The Conservatism Principle and the Asymmet-
ric Timeliness of Earnings [J]. Journal of Accounting and Economics. 24
(1): 3 – 37.

[118] Bergman, N. K., and S. Roychowdhury. 2008. Investor Sen-
timent and Corporate Disclosure [J]. Journal of Accounting Research. 46
(5): 1057 – 1083.

[119] Bertrand, M., and A. Schoar. 2003. Managing with Style:
The Effect of Managers on Firm Policies [J]. The Quarterly Journal of
Economics. 118 (4): 1169 – 1208.

[120] Beyer, A., D. A. Cohen, T. Z. Lys, and B. R.
Walther. 2010. The Financial Reporting Environment: Review of the Re-
cent Literature [J]. Journal of Accounting and Economics. 50 (2 – 3):
296 – 343.

[121] Biddle, G. C. and G. Hilary. 2006. Accounting Quality and
Firm-Level Capital Investment [J]. The Accounting Review, 81 (5):
963 – 982.

[122] Blattberg, R. C., and N. J. Gonedes. 1974. A Comparison
of the Stable and Student Distributions as Statistical Models for Stock Prices
[J]. The Journal of Business. 47 (2): 244 – 280.

[123] Boehmer, E., J. Masumeci, and A. B. Poulsen. 1991.

Event-study Methodology Under Conditions of Event-induced Variance [J]. Journal of Financial Economics. 30 (2): 253 – 272.

[124] Botosan, C. A. 1997. DisclosureLevel and the Cost of Equity Capital [J]. The Accounting Review. 72 (3): 323 – 350.

[125] Boycko M., Shleifer A., and R. W. Vishny. 1996. A Theory of Privatisation [J]. The Economic Journal. 106 (435): 309 – 319.

[126] Breesch, D., and J. Branson. 2009. The Effects of Auditor Gender on Audit Quality [J]. The IUP Journal of Accounting Research and Audit Practices. 8 (3/4): 78 – 107.

[127] Brennan, N. 1999. Voluntary Disclosure of Profit Forecasts by Target Companies in Takeover Bids [J]. Journal of Business Finance and Accounting. 26 (7 – 8): 883 – 917.

[128] Brochet, F., L. Faurel, and S. McVay. 2011. Manager-Specific Effects on Earnings Guidance: An Analysis of Top Executive Turnovers [J]. Journal of Accounting Research. 49 (5): 1123 – 1162.

[129] Bryan, S. H. 1997. Incremental information content of required disclosures contained in Management Discussion and Analysis [J]. The Accounting Review. 72 (2): 285 – 301.

[130] Bushman, R. M., J. D. Piotroski, and A. J. Smith. 2011. Capital Allocation and Timely Accounting Recognition of Economic Losses [J]. Journal of Business Finance & Accounting, 38 (1 – 2): 1 – 33.

[131] Cao, Z., and G. S. Narayanamoorthy. 2011. The Effect of Litigation Risk on Management Earnings Forecasts [J]. Contemporary Accounting Research. 28 (1): 125 – 173.

[132] Chau, G. K., and S. J. Gray. 2002. Ownership Structure and Corporate Voluntary Disclosure in HongKong and Singapore [J]. International Journal of Accounting. 37 (2): 247 – 265.

[133] Chen, S., M. L. DeFond, and C. W. Park. 2002. Voluntary

Disclosure of Balance Sheet Information in Quarterly Earnings Announcements [J] . Journal of Accounting and Economics. 33 (2): 229 –251.

[134] Chen, S. , X. I. A. Chen, and Q. Cheng. 2008. Do Family Firms Provide More or Less Voluntary Disclosure? [J] . Journal of Accounting Research. 46 (3): 499 –536.

[135] Cheng, E. C. M. , and S. M. Courtenay. 2006. Board Composition, Regulatory Regime and Voluntary Disclosure [J] . The International Journal of Accounting. 41 (3): 262 –289.

[136] Choi, J. , and D. Ziebart. 2004. Management Earnings Forecasts and the Market's Reaction to Predicted Bias in the Forecast [J] . Asia-Pacific Journal of Accounting and Economics. 11 (2): 167 –192.

[137] Chow, C. W. , and A. Wong-Boren. 1987. Voluntary Financial Disclosure by Mexican Corporations [J] . The Accounting Review. 62 (3): 533 –541.

[138] Clarkson, P. M. , A. Dontoh, G. Richardson, and S. E. Sefcik. 1992. The Voluntary Inclusion of Earnings Forecasts in IPO Prospectuses [J] . Contemporary Accounting Research. 8 (2): 601 –626.

[139] Clement, M. , R. Frankel, and J. Miller. 2003. Confirming Management Earnings Forecasts, Earnings Uncertainty, and Stock Returns [J] . Journal of Accounting Research. 41 (4): 653 –679.

[140] Coller, M. , and T. L. Yohn. 1997. Management Forecasts and Information Asymmetry: An Examination of Bid-Ask Spreads [J] . Journal of Accounting Research. 35 (2): 181 –191.

[141] Cormier, D. , and I. Martinez. 2006. The Association between Management Earnings Forecasts, Earnings Management, and Stock Market Valuation: Evidence from French IPOs [J] . The International Journal of Accounting. 41 (3): 209 –236.

[142] Cotter, J. , I. Tuna, and P. D. Wysocki. 2006. Expectations

Management and Beatable Targets: How Do Analysts React to Explicit Earnings Guidance? [J] . Contemporary Accounting Research. 23 (3): 593 –624.

[143] Darrough, M. N. 1993. Disclosure Policy and Competition Cournot vs. Bertrand [J] . The Accounting Review. 68 (3): 534 –561.

[144] Darrough, M. N. , and N. M. Stoughton. 1990. Financial Disclosure Policy in an Entry Game [J] . Journal of Accounting and Economics. 12 (1 –3): 219 –243.

[145] Dechow, P. M. , R. G. Sloan, and A. P. Sweeney. 1995. Detecting Earnings Management [J] . The Accounting Review. 70 (2): 193 –225.

[146] Dechow, P. , W. Ge, and C. Schrand. 2010. Understanding Earnings Quality: A Review of the Proxies, Their Determinants and Their Consequences [J] . Journal of Accounting and Economics, 50 (2 –3): 344 –401.

[147] De Franco, G. U. S. , S. P. Kothari, and R. S. Verdi. 2011. The Benefits of Financial Statement Comparability [J] . Journal of Accounting Research, 49 (4): 895 –931.

[148] Demerjian, P. , B. Lev, and S. McVay. 2009. Quantifying Managerial Ability: A New Measure and Validity Tests [R] . Working paper, University of Utah.

[149] Edwards W. 1961. Behavioral Decision Theory [J] . Annual Review of Psychology. (12): 473 –498.

[150] El-Gazzar, S. M. 1998. Predisclosure Information and Institutional Ownership: A Cross-Sectional Examination of Market Revaluations during Earnings Announcement Periods [J] . The Accounting Review. 73 (1): 119 –129.

[151] Eng, L. L. , and Y. T. Mak. 2003. Corporate Governance

and Voluntary Disclosure [J] . Journal of Accounting and Public Policy. 22 (4): 325 – 345.

[152] Feltham, G. A. , and J. Z. Xie. 1992. Voluntary Financial Disclosure in an Entry Game with Continua of Types [J] . Contemporary Accounting Research. 9 (1): 46 – 80.

[153] Ferguson, M. J. , K. C. K. Lam, and G. M. Lee. 2002. Voluntary Disclosure by State-owned Enterprises Listed on the Stock Exchange of Hong Kong [J] . Journal of International Financial Management & Accounting. 13 (2): 125 – 152.

[154] Forker, J. J. 1992. Corporate Governance and Disclosure Quality [J] . Accounting and Business Research. 22 (86): 111 – 124.

[155] Foster, G. 1973. Stock Market Reaction to Estimates of Earnings per Share by Company Officials [J] . Journal of Accounting Research. 11 (1): 25 – 37.

[156] Francis, J. , A. Huang, S. Rajgopal, and A. Zang. 2008. CEO Reputation and Earnings Quality [J] . Contemporary Accounting Research. 25 (1): 109 – 47.

[157] Francis, B. , I. Hasan, J. C. Park, and Q. Wu. 2009. Gender Differences in Financial Reporting Decision-Making: Evidence from Accounting Conservatism [J] . SSRN eLibrary.

[158] Francis, B. , I. Hasan, and Q. Wu. 2011. The Impact of CFO Gender on Bank Loan Contracting [J] . Journal of Accounting, Auditing and Finance, Forthcoming.

[159] Gigler, F. 1994. Self-Enforcing Voluntary Disclosures [J] . Journal of Accounting Research. 32 (2): 224 – 240.

[160] Hambrick, D. , and P. Mason. 1984. Upper Echelons: The Organization as a Reflection of Its Top Managers [J] . Academy of Management Review. 9 (2): 193 – 206.

[161] Haniffa, R. M. , and T. E. Cooke. 2002. Culture, Corporate Governance and Disclosure in Malaysian Corporations [J] . Abacus. 38 (3): 317 –349.

[162] Hassell, J. M. , and R. H. Jennings. 1986. Relative Forecast Accuracy and the Timing of Earnings Forecast Announcements [J] . The Accounting Review. 61 (1): 58 –75.

[163] Hassell, J. M. , R. H. Jennings, and D. J. Lasser. 1988. Management Eamings Forecasts: Their Usefulness as a Source of Firm-specific Information to Security Analysts [J] . The Journal of Financial Research. 11 (4): 303 –320.

[164] Healy, P. M. , A. Hutton, and K. G. Palepu. 1999. Stock Performance and Intermediation Changes Surrounding Sustained Increases in Disclosure [J] . Contemporary Accounting Research. 16 (3): 485 –520.

[165] Healy, P. M. , and K. G. Palepu. 2001. Information Asymmetry, Corporate Disclosure, and the Capital Markets: A Review of the Empirical Disclosure Literature [J] . Journal of Accounting and Economics. 31 (1 –3): 405 –440.

[166] Heflin, F. , K. R. Subramanyam, and Y. Zhang. 2003. Regulation FD and the Financial Information Environment: Early Evidence [J] . The Accounting Review. 78 (1): 1 –37.

[167] Hirst, D. E. , L. Koonce, and S. Venkataraman. 2008. Management Earnings Forecasts: A Review and Framework [J] . Accounting Horizons. 22 (3): 315 –338.

[168] Holthausen, R. W. , and R. E. Verrecchia. 1990. The Effect of Informedness and Consensus on Price and Volume Behavior [J] . The Accounting Review. 65 (1): 191 –208.

[169] Houston, J. , B. Lev, and J. W. Tucker. 2010. To Guide or

Not to Guide? Causes and Consequences of Stopping Quarterly Earnings Guidance [J] . Contemporary Accounting Research. 27 (1): 143 – 185.

[170] Hughes, J. S. , and S. Pae. 2004. Voluntary Disclosure of Precision Information [J] . Journal of Accounting and Economics. 37 (2): 261 – 289.

[171] Hui, K. W. , S. Matsunaga, and D. Morse. 2009. The Impact of Conservatism on Management Earnings Forecasts [J] . Journal of Accounting and Economics. 47 (3): 192 – 207.

[172] Hutton, A. P. 2005. Determinants of Managerial Earnings Guidance Prior to Regulation Fair Disclosure and Bias in Analysts' Earnings Forecasts [J] . Contemporary Accounting Research. 22 (4): 867 – 914.

[173] Hutton, A. P. , and P. C. Stocken. 2007. Effect ofReputation on the Credibility of Management Forecasts [R] . Working paper, Boston College and Dartmouth College.

[174] Hutton, A. P. , and P. C. Stocken. 2009. Prior Forecasting Accuracy and Investor Reaction to Management Earnings Forecasts [J] . SSRN eLibrary.

[175] Hutton, A. P. , G. S. Miller, and D. J. Skinner. 2003. The Role of Supplementary Statements with Management Earnings Forecasts [J] . Journal of Accounting Research. 41 (5): 867 – 890.

[176] Hribar, P. , and H. Yang. 2011. CEO Overconfidence and Management Forecasting [J] . SSRN eLibrary.

[177] Jackson, A. B. 2011. Stock Return Volatility Surrounding Management Earnings Forecasts [J] . SSRN eLibrary.

[178] Jaggi, B. 1978. A Note on the Information Content of Corporate Annual Earnings Forecasts [J] . The Accounting Review. 53 (4): 961 – 967.

[179] Jennings, R. 1987. Unsystematic Security Price Movements,

Management Earnings Forecasts, and Revisions in Consensus Analyst Earnings Forecasts [J] . Journal of Accounting Research. 25 (1): 90 – 110.

[180] Jensen, M. C. , and M. H. Meckling. 1976. Theory of the Firm: Managerial Behavior, Agency Costs and Ownership Structure [J] . Journal of Financial Economics. 3 (4): 305 – 360.

[181] Jensen M. C. 1986. The Agency Costs of Free Cash Flow: Corporate Finance and Takeovers [J] . American Economic Review. 76 (2): 323 – 329.

[182] Jones, J. J. 1991. Earnings Managementduring Import Relief Investigations [J] . Journal of Accounting Research, 29 (2): 193 – 228.

[183] Kadan, O. , L. Madureira, R. Wang, and T. Zach. 2012. Analysts' industry expertise [J] . Journal of Accounting and Economics, 54 (2 – 3): 95 – 120.

[184] Karamanou, I. , and N. Vafeas. 2005. The Association between Corporate Boards, Audit Committees, and Management Earnings Forecasts: An Empirical Analysis [J] . Journal of Accounting Research. 43 (3): 453 – 486.

[185] Kasznik, R. , and B. Lev. 1995. To Warn or Not to Warn: Management Disclosures in the Face of an Earnings Surprise [J] . The Accounting Review. 70 (1): 113 – 134.

[186] Kasznik, R. 1999. On the Association between Voluntary Disclosure and Earnings Management [J] . Journal of Accounting Research. 37 (1): 57 – 81.

[187] King, R. , G. Pownall, and G. Waymire. 1990. Expectations Adjustment via Timely Management Forecasts: Review, Synthesis, and Suggestions for Future Research [J] . Journal of Accounting Literature. 9: 113.

[188] Kothari, S. P. , A. J. Leone, and C. E. Wasley. 2005. Per-

formance Matched Discretionary Accrual Measures〔J〕. Journal of Accounting and Economics. 39 (1): 163 – 197.

[189] Kothari, S. P. , S. Shu, and P. D. Wysocki. 2009. Do Managers Withhold Bad News? 〔J〕. Journal of Accounting Research. 47 (1): 241 – 276.

[190] Kross, W. J. , B. T. Ro, and I. Suk. 2011. Consistency in Meeting or Beating Earnings Expectations and Management Earnings Forecasts〔J〕. Journal of Accounting and Economics. 51 (1 – 2): 37 – 57.

[191] Lang, M. , and R. J. Lundholm. 1993. Cross-Sectional Determinants of Analyst Ratings of Corporate Disclosures〔J〕. Journal of Accounting Research. 31 (2): 246 – 271.

[192] Lang, M. H. and R. J. Lundholm. 1996. Corporate Disclosure Policy and Analyst Behavior〔J〕. Accounting Review, 71 (4): 467 – 492.

[193] Lang, M. H. , and R. J. Lundholm. 2000. Voluntary Disclosure and Equity Offerings: Reducing Information Asymmetry or Hyping the Stock〔J〕. Contemporary Accounting Research. 17 (4): 623 – 662.

[194] Leuz, C. , and R. E. Verrecchia. 2000. The Economic Consequences of Increased Disclosure〔J〕. Journal of Accounting Research. 38 (3): 91 – 124.

[195] Libby, R. , and H. -T. Tan. 1999. Analysts' Reactions to Warnings of Negative Earnings Surprises〔J〕. Journal of Accounting Research. 37 (2): 415 – 435.

[196] Libby, R. , T. Hun-Tong, and J. E. Hunton. 2006. Does the Form of Management's Earnings Guidance Affect Analysts' Earnings Forecasts?〔J〕. The Accounting Review. 81 (1): 207 – 225.

[197] Malmendier, U. , and G. Tate. 2005. CEO Overconfidence and Corporate Investment〔J〕. The Journal of Finance. 60 (6): 2661 –

2700.

[198] Matsumoto, D. A. 2002. Management's Incentives to Avoid Negative Earnings Surprises [J] . The Accounting Review. 77 (3): 483 – 514.

[199] McNichols, M. 1989. Evidence of Informational Asymmetries from Management Earnings Forecasts and Stock Returns [J] . The Accounting Review. 64 (1): 1 – 27.

[200] McNichols, M. F. and S. R. Stubben. 2008. Does Earnings Management Affect Firms' Investment Decisions? [J] . Accounting Review, 83 (6): 1571 – 1603.

[201] Meek, G. K. , C. B. Roberts, and S. J. Gray. 1995. Factors Influencing Voluntary Annual Report Disclosures by U. S. , U. K. and Continental European Multinational Corporations [J] . Journal of International Business Studies. 26 (3). 555 – 572.

[202] Mei, F. , and S. McVay. 2010. Analysts' Incentives to Overweight Management Guidance When Revising Their Short-Term Earnings Forecasts [J] . The Accounting Review. 85 (5): 1617 – 1646.

[203] Milbourn, T. 2003. CEO Reputation and Stock-based Compensation [J] . Journal of Financial Economics. 68 (2): 233 – 262.

[204] Miller, G. S. 2002. Earnings Performance and Discretionary Disclosure [J] . Journal of Accounting Research. 40 (1): 173 – 204.

[205] Mitchell, J. D. , C. W. L. Chia, and A. S. Loh. 1995. VoluntaryDisclosure of Segment Information: Furhter Australian Evidence [J] . Accounting and Finance. 35 (2): 1 – 16.

[206] Morse, D. , J. Stephan, and K. S. Earl. 1991. Earnings Announcements and the Convergence (or Divergence) of Beliefs [J] . The Accounting Review. 66 (2): 376 – 388.

[207] Nagar, V. , D. Nanda, and P. Wysocki. 2003. Discretionary

Disclosure and Stock-based Incentives [J] . Journal of Accounting and E-conomics. 34 (1 - 3): 283 - 309.

[208] Newman, P. , and R. Sansing. 1993. Disclosure Policies with Multiple Users [J] . Journal of Accounting Research. 31 (1): 92 - 112.

[209] Nichols, D. R. , and J. J. Tsay. 1979. Security Price Reactions to Long-Range Executive Earnings Forecasts [J] . Journal of Accounting Research. 17 (1): 140 - 155.

[210] Noe, C. F. 1999. Voluntary Disclosures and Insider Transactions [J] . Journal of Accounting and Economics. 27 (3): 305 - 326.

[211] Patell, J. M. 1976. Corporate Forecasts of Earnings per Share and Stock Price Behavior: Empirical Test [J] . Journal of Accounting Research. 14 (2): 246 - 276.

[212] Penman, S. H. 1980. An Empirical Investigation of the Voluntary Disclosure of Corporate Earnings Forecasts [J] . Journal of Accounting Research. 18 (1): 132 - 160.

[213] Pownall, G. , C. Wasley, and G. Waymire. 1993. The Stock Price Effects of Alternative Types of Management Earnings Forecasts [J] . The Accounting Review. 68 (4): 896 - 912.

[214] Pyo, Y. , and S. Lustgarten. 1990. Differential Intra-industry Information Transfer Associated with Management Earnings Forecasts [J] . Journal of Accounting and Economics. 13 (4): 365 - 379.

[215] Rajgopal, S. , T. Shevlin, and V. Zamora. 2006. CEOs' Outside Employment Opportunities and the Lack of Relative Performance Evaluation in Compensation Contracts [J] . The Journal of Finance. 61 (4): 1813 - 1844.

[216] Rogers, J. L. , and P. C. Stocken. 2005. Credibility of Management Forecasts [J] . The Accounting Review. 80 (4): 1233 - 1260.

[217] Roland, G. 2000. Transition, and Economics: Politics, Mar-

kets, and Firms [M]. Cambridge, MA: MIT Press. 2000. 1st ed.

[218] Ruland, W., and S. Tung. 1990. Factors Associated with the Disclosure of Managers' Forecasts [J]. The Accounting Review. 65 (3): 710 – 721.

[219] Sappington D. E. M., and Stiglitz J. E. 1987. Privatization, Information and Incentives [J]. Journal of Policy Analysis and Management. 6 (4): 567 – 585.

[220] Schadewitz, H. J., and D. R. Blevins. 1998. Major Determinants of Interim Disclosures in an Emerging Market [J]. American Business Review. 16 (1): 41 – 55.

[221] Shleifer, A., and R. W. Vishny. 1994. Politicians and Firms [J]. The Quarterly Journal of Economics. 109 (4): 995 – 1025.

[222] Shleifer, A., and R. W. Vishny. 1998. The Grabbing Hand: Government Pathologies and Their Cures [M]. Harvard University Press.

[223] Singhvi, S. S., and H. B. Desai. 1971. An Empirical Analysis of the Quality of Corporate Financial Disclosure [J]. The Accounting Review. 46 (1): 129 – 138.

[224] Skinner, D. J. 1994. Why Firms Voluntarily Disclose Bad News [J]. Journal of Accounting Research. 32 (1): 38 – 60.

[225] Skinner, D. J. 1997. Earnings Disclosures and Stockholder Lawsuits [J]. Journal of Accounting and Economics. 23 (3): 249 – 282.

[226] Soffer, L. C., S. R. Thiagarajan, and B. R. Walther. 2000. Earnings Preannouncement Strategies [J]. Review of Accounting Studies. 5 (1): 5 – 26.

[227] Stocken, P. C. 2000. Credibility of Voluntary Disclosure [J]. The Rand Journal of Economics. 31 (2): 359 – 374.

[228] Tan, H. T., R. Libby, and J. E. Hunton. 2002. Analysts' Reactions to Earnings Preannouncement Strategies [J]. Journal of Ac-

counting Research. 40 (1): 223 – 246.

[229] Trueman, B. 1986. Why Do Managers Voluntarily Release Earnings Forecasts? [J]. Journal of Accounting and Economics. 8 (1): 53 – 71.

[230] Verrecchia, R. E. 1983. DiscretionaryDisclosure [J]. Journal of Accounting and Economics. 5 (1 – 3): 179 – 194.

[231] Wagenhofer, A. 1990. Voluntary Disclosure with a Strategic Opponent [J]. Journal of Accounting and Economics. 12 (4): 341 – 363.

[232] Wang, C. 2014. Accounting Standards Harmonization and Financial Statement Comparability: Evidence from Transnational Information Transfer [J]. Journal of Accounting Research, 52 (4): 955 – 992.

[233] Wang, I. Y. 2007. Private Earnings Guidance and Its Implications for Disclosure Regulation [J]. The Accounting Review. 82 (5): 1299 – 1332.

[234] Waymire, G. 1984. Additional Evidence on the Information Content of Management Earnings Forecasts [J]. Journal of Accounting Research. 22 (2): 703 – 718.

[235] Waymire, G. 1985. Earnings Volatility and Voluntary Management Forecast Disclosure [J]. Journal of Accounting Research. 23 (1): 268 – 295.

[236] Waymire, G. 1986. Additional Evidence on the Accuracy of Analyst Forecasts before and after Voluntary Management Earnings Forecasts [J]. The Accounting Review. 61 (1): 129 – 142.

[237] Williams, P. A. 1996. The Relationbetween a Prior Earnings Forecast by Management and Analyst Response to a Current Management Forecast [J]. The Accounting Review. 71 (1): 103 – 115.

[238] Williamson, O. E. 2000. The New Institutional Economics:

Taking Stock, Looking Ahead [J] . Journal of Economic Literature. 38 (3): 595 – 613.

　　[239] Xiao, J. Z. , H. Yang, and C. W. Chow. 2004. The Determinants and Characteristics of Voluntary Internet-based Disclosures by Listed Chinese Companies [J] . Journal of Accounting and Public Policy. 23 (3): 191 – 225.

　　[240] Yang, I. H. 2012. Capital Market Consequences of Managers' Voluntary Disclosure Styles [J] . Journal of Accounting and Economics. 53 (1 – 2): 167 – 184.